사랑의 길 따라

"이는 내 생각이 너희 생각과 다르며
내 길은 너희 길과 다름이니라.
여호와의 말씀이니라" (사 55:8)

사막에서 낙타가 가면 길이 되듯
나의 구원자이신
예수님이 인도하시는 복음의 길로 갈 때
하나님 나라로 향하는 길 위에
나는 항상 걸어가고 있습니다.

이병주 수필집

사랑의 길 따라

문경출판사

머리말

길이란 걷거나 차를 타거나 어떤 다른 이동의 수단을 동원해서 그 위를 정해진 목적지로 향하기 위해 누군가가 만들어 놓은 것입니다. 현재를 살아가는 우리는 어디를 가려고 할 때 길이 없으면 한발자국도 나아가지 못합니다.

우리가 일평생 달려가는 길에서 예수님이 나의 손잡고 이끄시는 목적지는 어디일까요? 예수님께서는 고난과 고통을 받으시며 우리에게 몸소 보여 주신 십자가의 길이라 생각합니다. 나아가 예수님께서는 우리가 그 길을 따라 진리의 말씀 좇아 걸어갈 때면 영원한 생명 즉 부활의 길로 가게 된다고 약속해 주셨습니다. 이참 진리의 말씀을 깨달으며 하나님께서 보내주신 성령님의 인도하심 따라 그 길을 가려 합니다.

하나님이 인도하시고 모세가 이끌어 출 애굽한 이스라엘 민족은 물도 없고 먹을 것도 없는 광야 40년을 오직 하나님의 돌보심으로 가나안 땅에 들어갔습니다. 출애굽기 마지막 구절인 40장 38절은 [**낮에는 여호와의 구름이 성막 위에 있고 밤에는 불이 그 구름 가운데에 있음을 이스라엘의 온 족속이 그 모든 행진하는 길에서 그들의 눈으로 보았더라**]고 기록하고 있습니다. 하나님께서 지금까지 이끌어 오신 나의 길을 따라 걸으면서 그분이 주신 사랑을 담아 그분 앞에 이 책 "사랑의 길 따라"를 올립니다.

이 책은 크게 두 부분으로 나누어져 있습니다. 첫째 장은 내가 예수님을 만나고 하나님이 저에게 알려 주신 말씀을 중심으로 수필 형식을 빌려 작성하였으며, 두 번째 장은 하나님께서 이끄신 나의 일생의 길을 자서전처럼 작성하였습니다. 이 장에는 아내인 김난희 권사와 두 딸인 이정은 집사, 이미은 집사의 글도 포함되어 있습니다.

이제 나도 일흔이 훌쩍 넘어, 살아온 날 보다 하나님 나라로 부르심을 받을 시간이 가까워 졌지만 언제나 로마서 12장 2절 [**너희는 이 세대를 본받지 말고 오직 마음을 새롭게 함으로 변화를 받아 하나님의 선하시고 기뻐하시고 온전하신 뜻이 무엇인지 분별하도록 하라**]고 기록된 말씀대로 언제나 새롭게 하나님이 주시는 말씀과 뜻을 분별하여 끊임없이 사랑의 길을 묵묵히 가기를 기도 합니다.

2024. 2.

이병주 장로

차례

1

하나님이 말씀으로 이끄신 길

성령님이 이끄시는 길

창세기 1장 2절에 기록된 [**하나님의 영은 수면 위를 운행하시니다**]라는 구절에서 하나님의 영을 NIV 영어성경에서는 'the Spirit of God'로 기록하며 운행을 'hovering over'란 단어를 사용합니다. 이 hovering은 드론이 하늘을 날아가며 그 아래 땅의 모습을 높은 곳에서 내려 보는 것을 영어로는 이 단어를 사용합니다. 즉 하나님의 영이 드론이 나는 것처럼 높으신 곳에서 세상이 창조되기 전 우주를 포함하여 삼라만상의 위를 덮으셔서 운행하시며 세상을 창조하셨다고 이해됩니다.

이처럼 하나님의 영이 운행하며 창조된 이 세상에서는 많은 성령님의 역사가 성경에 기록되어 있습니다. 그들 중 신약의 사도행전에 기록된 3가지의 성령님의 큰 역사는 첫째 사도행전 2장에 기록된 오순절 마가의 다락방에 임하신 성령, 둘째는 사도행전 8장 29절에서 빌립이 성령님의 말씀을 좇았고 빌립이 이디오피아 내시에게 세례를 주어 성령이 빌립을 이끄신 일 그리고 세번째는 베드로를 방문한 로마의 백부장 고넬료에게 [**베드로가 그 환상에 대하여 생각할 때에 성령께서 그에게 말씀하시되 두 사람이 너를 찾으니**]라며 성령님이 미리 고넬료의 방문을 알려주신 일들입니다. 뿐만 아니라 사도행전 9장에 기록된 사울도 성령님께서 그를 다메섹 도상에서 회개시키시고 사도로 삼으셨습니다. 성령님은 우리를 사랑하시고 인도하시는 하나님이 보내신 분으로서, 우리에게 진리와 지혜와 능력을 주십니다. 성령님이 이끄시는 길을 걷기 위해서는 먼저 성령님을 받아들이고 성령님의 인도에 순종해야 합니다.

성령님은 항상 내 안에 계셔서 나에게 [**항상 기뻐하고 범사에 감사하고 쉬지 말고 기도하라**] 하신 주님의 말씀에 따라 살아가도록 인도해 주십니다. 요한복음 16장 13절에서 예수님은 [**그러나 진리의 성령이 오시면 그가 너희를**

모든 진리 가운데로 인도하시리니 그가 스스로 말하지 않고 오직 들은 것을 말하며 장래 일을 너희에게 알리시리라"]고 말씀하시며 성령님이 나를 인도해 주시고 알게 하여 주심을 확인시켜 주십니다.

내가 힘들고 고난을 받고 있을 때 나는 주님 앞에 간절히 나의 아픔을 고백하고, 성령님의 임재를 구하며 나의 죄를 회개하면서 하나님이 주시는 음성을 따라 기도하곤 합니다. 이렇게 성령님의 임재를 구하며 기도에 깊이 들어가 기도할 때마다 나는 내 안에 평안과 기쁨이 회복됨을 느끼며 때로는 회개와 나의 교만과 하나님 앞에 성실하지 못한 나를 돌아보며 눈물이 흐르기도 합니다.

나는 성령님의 인도를 따라 하나님의 사랑과 은혜 가운데 살아가기를 진심으로 원합니다. 성령님이 이끄신 길을 따라가기 위해 늘 성령님을 가까이하고 친밀하게 사귀고, 성경을 읽고 묵상하며 하나님의 뜻을 깨달아 기도하려 합니다. 나는 성령님이 늘 나의 곁에 계셔서 나를 손잡고 인도하시는 그 길을 따라 예수님을 본받아 살고 사랑으로 그를 따르며 하나님을 찬양하고 높이며, 성령님이 들려주시는 음성을 들어 기도함에 게으르지 않기를 간절히 바라면서 성령님이 이끄시는 그 길로 가려 합니다.

거듭남의 길

교회에서 흔히 듣는 '당신은 거듭 났셨습니까?'라는 말은 우리에게 "구원을 받았음을 확신 합니까?"라는 말 인 줄 알고 있습니다. 인간은 죄와 사망의 권세에서 벗어나 하나님 안에서 새롭게 태어나는 것이 거듭남입니다. 거듭남은 단순히 변화하는 것이 아니라, 완전히 새로운 존재로 거듭나는 것을 의미하며, 하나님의 은혜로 이루어지는 것이지만, 성령의 인도가 필요합니다. 성령은 우리에게 회개와 믿음을 주시고, 새롭게 변화된 삶을 살도록 도와주십니다. 거듭남의 길은 쉽지 않은 길이지만, 하나님께서 우리를 도우고 계십니다.

예수님에게 유대인의 지도자요 바리새인인 니고데모가 밤중에 예수님을 찾아와 예수님과 대화하시는 내용이 요한복음 3장에 상세히 기록되어 있습니다. 여기서 예수님은 니고데모에게 [**진실로 진실로 네게 이르노니 사람이 물과 성령으로 나지 아니하면 하나님의 나라에 들어갈 수 없느니라 육으로 난 것은 육이요 영으로 난 것은 영이니 내가 네게 거듭나야 하겠다 하는 말을 놀랍게 여기지 말라**]라고 하십니다.

세상을 살아가면서 우리 주위에는 학문적 지식이 높거나, 경제적으로 부유하거나 또는 공공기관이나 정치적으로 높은 지위를 차지하고 계시는 분들을 보면 모두가 부러워하게 됨은 사실입니다. 부유함과 명예에 대한 갈망은 누구나 느끼고 있습니다. 그러나 예수님은 이 땅에 가장 낮은 곳 말구유에서 탄생하시고 목수로 일하시다가 인간으로서 가장 고통스러운 십자가에 달리셨습니다. 그러나 이러한 고통을 격어시고 마침내 부활하셔서 만왕의 왕으로 우리의 구원자로 경배와 찬양을 받고 계십니다. 나는 예수님이 걸으신 길을 감히 따라 갈 수는 없지만 이를 묵상하며 거듭남이 무엇인지를 깨닫게 됩니다.

사도 바울은 골로새 성도들에게 골로새서 3장 10절에서 [**새 사람을 입었으니 이는 자기를 창조하신 이의 형상을 따라 지식에까지 새롭게 하심을 입은 자니라**]라고 편지를 썼습니다. 거듭나게 되어 새사람으로 될 때 우리는 창조주 하나님의 형상을 따라 지식까지도 새롭게 하신다고 말씀하십니다. 그래서 골로새 성도들이 그리스도와 함께하는 새사람으로 거듭나기를 소망하였습니다. 나도 내가 지금껏 가지고 있는 지식, 교만, 불순종을 깨끗이 버리고 멀리하여 하나님과 함께하는 길을 걸어야 함이 마땅하리라 다짐하여 봅니다.

그 길을 너희가 아느니라

이스라엘 민족은 지금부터 대략 3,500년 전 약 430년 동안을 이집트(성경에는 애굽이라 기술함)의 파라오 치하에서 종살이하던 것으로부터 모세와 아론을 선두로 하여 탈출을 실시합니다. 이 내용은 구약성경 출애굽 편에 기록하고 있으며 출애굽 장을 영어 성경에는 Exodus라 합니다. Exodus란 탈출 즉 "새로운 길로"란 뜻으로 이스라엘 민족이 이집트로부터 탈출하여 하나님이 약속하신 젖과 꿀이 흐르는 가나안 땅을 향하여 가는 여정이 적혀있습니다.

이집트를 출발한 이스라엘 백성들이 해안 길을 따라가면 수십 일 만에 목적지에 도착할 수 있는 빠르고 편안한 지름길인 해안 길이 있음에도 하나님은 그 길을 허락하지 않으시고 물도 없고 험하고 험한 길인 광야의 길을 택하게 하시고, 40년을 이스라엘 백성들에게 고난의 길로 인도하셨습니다. 이 이유를 신명기 8장 2절에서 6절에는 [**네 하나님 여호와께서 이 사십 년 동안에 네게 광야 길을 걷게 하신 것을 기억하라 이는 너를 낮추시며 너를 시험하사 네 마음이 어떠한지 그 명령을 지키는지 지키지 않는지 알려 하심이라**]고 그 이유를 밝히고 있습니다.

우리도 세상을 살아가면서 내가 원하고 내 생각에 더 쉽고 편한 길이 있음을 알고 있음에도 하나님은 그 길을 택하게 하지 않게 하시고 어렵고 험한 고난의 길을 가도록 인도하시기도 합니다. 이스라엘 민족이 이집트를 탈출한 후 광야의 행군의 고난의 길에서도 낮에는 구름 기둥으로 밤에는 불기둥으로 그 백성들을 인도 보호하시고 만나를 주셔서 배고프지 않게 하셨습니다. 이는 하나님께서 [**너를 낮추시며 너를 주리게 하시며 또 너도 알지 못하며 네 조상들도 알지 못하던 만나를 네게 먹이심이 사람이 떡으로만 사는 것이 아니요 여호와의 입에서 나오는 모든 말씀으로 사는 줄을 네가 알게 하려 하심이라**] 하심 같이 하나님은 우리를 고난의 길을 통해 우리를 연단 하시고 우리에게 반석과 같은 굳건한 믿음을 주시기 위한 과정임을 깨닫게 됩니다.

그러나 연약하고 약간의 걸림돌에도 쉽게 넘어지는 우리는 이스라엘 민족이 광야 생활에서 모세에게 "물을 달라, 고기를 달라 이럴 바에야 차라리 애굽에서의 노예 생활로 다시 가는 편이 났겠습니다"라고 하며 모세 뿐만 아니라 하나님을 원망하는 모습이 생각납니다. 출애굽한 이스라엘 민족이 하나님의 보호하심보다 오히려 이집트에서 종살이 하등 옛 모습을 그리워함은 우리의 믿음이 연약하여 약간의 시련에도 세상적 환난을 사모하는 현재 우리의 모습과도 너무나도 일치합니다. 이를 보며 우리는 어떤 상황에서도 굳건한 믿음으로 하나님 나라의 소망을 가지고 세상에서 승리하는 삶을 가져야겠다고 다짐해 봅니다.

하나님께서 이스라엘 민족을 애굽에서 탈출하게 하시어 가나안땅으로 이끄심 같이 현재를 살아가는 하나님의 백성들은 하나님 나라 즉 천국으로의 길이요 예수 그리스도를 구주로 삼아 오직 하나님이 가르쳐 주신 진리의 길을 따라 우리는 원망과 불평 없이 뚜벅뚜벅 걸어가야 하겠습니다.

꽃길과 가시밭길

얼마 전 가까운 분과 대화 중 그분이 나에게 "장로님은 이제 아이들도 다 출가하고 자녀들이 모두 잘살아가니 걱정이 없으시지요?"라고 했습니다. 그런데 나는 이 질문에 대한 대답으로 "네"라는 대답이 얼른 나오지 않았고, "세상을 살다 보면 늘 꽃길만 걷는 사람이 있을까요? 우리는 꽃길이 있으면 반드시 가시밭길이 나타나고 또 가시밭길을 헤매다 보면 나도 모르는 사이에 꽃길이 앞에 보이는 것이 세상 삶인 것 같아요"라고 말한 적이 생각납니다.

꽃길과 가시밭길은 삶의 길을 비유적으로 표현한 말입니다. 꽃길은 어려움이나 고난 없이 순탄하게 가는 길을 의미하고, 가시밭길은 어려움과 고난이 많은 길을 의미합니다. 흔히 사람들은 꽃길만 걷기를 바랍니다. 하지만 현실은 그렇지 않습니다. 누구나 인생을 살면서 어려움과 고난을 겪게 됩니다. 꽃길만 걷는 삶은 없다고 할 수 있습니다.

모세와 함께 이집트의 바로의 손에서 풀려난 이스라엘 민족이 홍해를 건너서 동쪽 수르광야에서 3일간 물을 얻지 못한 채 목이 말라 물을 찾을 무렵 마침내 샘을 발견하였으나 이 샘의 물은 쓴물이었습니다. 그래서 그들은 이 샘의 물을 '마라'라고 이름 지었습니다. 불평하는 이스라엘 민족들을 위해 모세는 하나님의 말씀 따라 한 나무를 그 샘에 던지니 단물로 바뀌었습니다. 그 후 그들이 마라의 샘에서 멀지 않은 곳인 엘림에 이르렀을 때 그곳은 물 샘 열둘과 종려나무 일흔 그루가 있는 소위 사막의 오아시스였습니다. 이들 역시 가시밭길에서 꽃길인 오아시스를 만난 것입니다.

광야에는 낮에 뙤약볕은 사람이 견디기 힘들 정도로 힘들지만 작은 싯딤나무 한그루가 있어도 그 아래 그늘은 시원하다고 합니다. 생떽쥐페리의 작품 속 말 중 "사막이 아름다운 것은 어딘가에 샘을 숨기고 있기 때문이다"는 구절이 있습니다. 우리는 여름에 가끔 태풍에 의해 큰 피해를 당하고 있으나 그 태풍이 바닷물을 휘저어 산소를 공급하므로 바닷속의 물고기나 해초가 살아가는 환경을 만든다고 합니다. 우리의 삶도 꽃길과 가시밭길은 기쁨과 고통이 교차하는 길이기는 하나 그들이 서로 함께하며 살게 하는 것은 하나님이 주시는 은혜가 아닌가 생각해 봅니다.

내가 곧 길이요 진리요 생명이라

예수님께서 하나님께로 나아가는 유일한 길이심을 선포하신 말씀하신 요한복음 14장 6절에는 [**예수께서 이르시되 내가 곧 길이요 진리요 생명이니 나로 말미암지 않고는 아버지께로 올 자가 없느니라**]는 예수님의 말씀이 기록되어 있습니다. 구약시대의 성소에 안치된 언약괘 안에는 아론의 싹난 지팡이, 만나 한 오멜을 담은 항아리와 십계명이 적힌 두 개의 돌 판이 들어 있음을 우리는 잘 알고 있습니다. 즉 이 언약괘는 하나님의 임재를 상징하는 것으로 예수그리스도의 예표이기도 합니다. 아론의 싹난 지팡이는 십자기의 길을 뜻하며, 십계명을 새긴 두 돌판은 성육신하시어 이 땅에 오셔 전하신 말씀이요, 만나는 영원한 생명 즉 예수님이 십자가에 못 박히시고 죽음을 이기시어 3일 만에 부활하심을 의미합니다.

즉 구약시대의 이 언약괘의 상징성을 이 세상에 확인시키신 예수님께서는 죄악에서 헤매는 인간들을 구원하시기 위해 하늘나라 보좌를 버리시고 사람의 모습으로 이 땅에 오셔서 참 진리의 말씀을 손수 가르치시고 행동으로 보여주셨습니다, 그리고 우리의 죄를 대신하여 십자가에서 못 박혀 고난 받아 돌아가시고, 장사 된 지 3일 만에 부활하심으로써 죽음에서 생명을 얻을 수 있는 길을 열어주셨습니다.

시편 54편 4절에서 다윗은 [**하나님은 나를 돕는 이시며 주께서는 내 생명을 붙들어 주시는 이시니입니다**]라고 노래하고 있습니다. 하나님께서는 하나님의 백성들을 보호하시고 지켜주시며 그들의 생명을 주관하시는 전능하신 우리의 통치자이십니다.

예수님은 우리에게 진리와 생명을 가져다주셨습니다. 예수님께서는 진리의 말씀을 가르쳐 주심으로써 우리를 세상의 어두움에서 구원해 주셨습니다. 또한, 예수님께서는 성령을 보내주시어 우리에게 새 생명을 주셨습니다.

성령님께서는 우리를 거듭나게 하시고, 하나님의 자녀로 삼아 주셨습니다. 예수님은 우리를 이끄시는 길이요 진리요 생명이십니다.

하나님의 자녀인 우리는 세상을 좇아 살아가는 길이 아니요. 세상과 상반되게 담을 쌓아 가는 길도 아니며 세상을 사랑의 복음 들고 변화시키는 길을 가야 할 것입니다. 예수님의 가르치심을 믿고 따르면 누구나 영원한 구원을 얻고, 진리와 생명을 누리게 됩니다. 예수님께서 보여주시고 가르쳐주신 부활, 영생, 소망의 길로 우리는 당당하게 걸어가야 할 것입니다.

복음을 따라가는 길

이천년 전 성부 하나님은 그의 아들 성자 예수그리스도를 이 땅에 보내시어 그를 통해 죄악 속의 우리들을 죄에서 자유 함을 허락하셨습니다. 이 기쁨의 소식인 복음(히브리어: 유앙겔리온, 영어: Gaspel/Good news)은 육신의 몸을 입고 이 땅에 오셔서(성육신 하시고) 고난을 받아 십자가에 못 박혀 죽으시고 장사한 지 사흘 만에 다시 살아나셔서(부활하시고) 하늘로 오르시어 하나님 우편에 앉아 계시며 다시 이 땅에 우리를 심판하려 오실(마라나타) 그분을 기다리는 것으로 이를 우리 하나님의 백성들은 마음 속 깊이 간직하고 있습니다.

이사야는 [**그가 찔림은 우리의 허물 때문이요 그가 상함은 우리의 죄악 때문이라 그가 징계를 받으므로 우리는**

평화를 누리고 그가 채찍에 맞으므로 우리는 나음을 받았도다]라고 예수님이 오심과 이 땅에서 우리를 위해 고난 받으실 것을 이미 53장 5절에서 예언하셨습니다. 그리고 왜 예수님이 성육신 하셔서 이 땅에 오셨는지의 이유를 마가복음 10절 45장에서 [**인자가 온 것은 섬김을 받으려 함이 아니라 도리어 섬기려 하고 자기 목숨을 많은 사람의 대속물로 주려 함이니라**]라고 밝히고 있습니다.

하나님이 우리에게 던지시는 하나님의 비밀은 무엇일까요? 그것은 바로 하나님이 창조하신 인간이 저지른 원죄를 영원히 사하여 주시려고 그의 하나뿐인 아들 예수님을 가장 낮고 천한 구유에서 인간의 몸에서 태어나게 하셨습니다. 그리고 가장 고통스러운 형벌인 십자가에 못 박히시어 돌아가게 하신 것입니다. 십자가에 달리신 예수님이 하나님이 우리에게 알게 하시려는 하나님의 비밀입니다. 고린도 전서 2장 2절에 사도 바울은 [**내가 너희 중에서 예수 그리스도와 그가 십자가에 못 박히신 것 외에는 아무 것도 알지 아니하기로 작정하였음이라**]고 고린도 교회 성도들에게 말하고 있습니다.

우리가 이제 그 복음이 기쁨의 소식이요 영원한 생명을 영위하는 길임을 아직도 알지 못하는 분들에게 반드시 전해야 합니다. 그 길은 하나님의 말씀인 성경 신구약 66권을 읽고 깊이 묵상하면서 하나님이 들려주시는 음성을 듣고 하나님의 사랑의 메시지를 깨달아 하나님의 백성인 우리가 현재를 살아가는 이 땅에서 우리의 삶에 적용하고 실천하여야 합니다. 더 나아가 이 복음의 기쁜 소식을 듣지 못한 자들에게 전파함이 그 길일 것입니다.

사도행전은 사도 바울이 다메섹 도상에서 예수님을 만나고 회심하여 이방인들에게 예수님의 복음을 전한 사실을 기록하고 있습니다. 사도행전 마지막 28장 16절에서 31절의 소제목이 [**바울이 로마에서 전도하다**]입니다. 30절과 31절은 바울이 로마에 후송되어 로마에 죄수로 끌려온 상황에서도 셋집에 머물면서 자기에게 오는 사람을 다 영접하고 하나님의 나라를 전파하며 주 예수 그리스도에 관한 모든 것을 담대하게 거침없이 가르쳤음을 기록하고 있습니다. 우리나라에도 복음 들고 오셨든 외국의 선교사님들을 비롯하여 수많은 믿음의 조상들이 오직 예수님만을 외치며 순교하셨습니다. 이제 우리도 복음 들고 하나님께서 명하신 열방으로 나아가 사도행전 28장을 이어 29장으로 이루어 가기 위한 그 길로 주저함 없이 전진하기를 다짐합니다.

빛 따라 가는 길

하나님이 세상을 창조하실 때 창세기 1장 3절에서 [**하나님이 이르시되 빛이 있으라 하시니 빛이 있었고**]라고 기록하고 있습니다. 하나님이 어둠에서 빛을 만드시어 세상을 밝게 하셨습니다. 빛은 깜깜한 곳으로 들어오는 순간 주위의 모두를 환하게 밝아지게 하므로 어둠 속에서 보지 못하든 것들을 눈에 보이게 하는 신비한 속성을 가지고 있습니다.

이사야 60장 1에서 3절에는 [**일어나라 빛을 발하라 이는 네 빛이 이르렀고 여호와의 영광이 네 위에 임하였음이니라. 보라 어둠이 땅을 덮을 것이며 캄캄함이 만민을 가리려니와 오직 여호와께서 네 위에 임하실 것이며 그의 영광이 네 위에 나타나리니 나라들은 네 빛으로, 왕들은 비**

치는 네 광명으로 나아오리라]라고 말하고 있습니다. 예루살렘이 받을 영광을 위해 "빛을 발하라"라고 이사야는 외칩니다. 죄악으로 얼룩진 세상에서 우리를 구원하실 분은 빛으로 오신 분입니다. 그 빛이 어두운 세상을 밝힐 때 세상의 어둠은 광명으로 변하고 죄악은 바로 만인에게 드러납니다.

내 자신을 돌아보면 내가 하나님의 임재를 접하지 못했든 청년 시절에는 착하게 살고 세상 법에 어긋나는 죄에 빠지지만 않는다면 세상에서 떳떳하게 살아가는 것이라 확신했습니다. 이는 율법주의에 사로잡힌 이스라엘 사람들과 다를 바 없이 안식일을 지키고 율법 613개를 잘 지키면 의인이 된다고 생각하는 것과 다를 바 없었습니다.

그 후 내가 하나님을 만나고 성경 말씀을 깊이 묵상하고 알아 가면서 나는 죄인임을 깨달아 알게 되었습니다. 매일 매일 하나님께 나의 죄를 고백하고 회개하며 하나님이 주시는 말씀대로 행하며 살아가기를 애쓰고 기도할 때 빛으로 오신 그분이 나의 어둠을 밝혀주시리라 확신 합니다.

우리가 빛 가운데로 나아갈 때 지은 죄가 보이고 회개하게 됨을 깨닫게 됩니다. 마태복음 5장 16절 [**이같이 너희 빛이 사람 앞에 비치게 하여 그들로 너희 착한 행실을 보고 하늘에 계신 너희 아버지께 영광을 돌리게 하라**]는 말씀 따라 우리가 빛을 좇아 나아가면 예수님의 성품을 알아 닮아가게 될 것입니다. 우리는 세상 속에서 거룩하고 말씀에 좇아 빛 따라 살아가야 할 것입니다.

기도(祈禱)의 길

세상에서 어느 종교나 기도라는 의식은 다 가지고 있습니다. 그러나 기도의 방식과 기도의 대상은 종교마다 각기 서로 다릅니다. 표준국어대사전에서는 기도를 '인간보다 능력이 뛰어나다고 생각하는 어떠한 절대적 존재에게 빎. 또는 그런 의식'이라 기술하고 있습니다. 기도는 종교에서 초월적인 존재와의 대화 또는 교감을 목적으로 행해지는 행동입니다. 물론 이는 대화이므로 상대의 응답이 전제됩니다. 그러나 대부분 종교는 자기들이 믿는 신에게 일방적으로 구하는 것이 기도로 알고 행하고 있습니다.

우리 예수님을 구주로 믿는 믿음의 백성들은 기도를 통해 하나님을 만나고 하나님의 음성을 들으며 하나님 아버지와의 만남의 장으로 나아가는 것이라 여겨집니다. 따라서 하나님께 말을 하며 아뢰는 기도뿐만 아니라 때로는 깊은 성령님의 임재를 느끼며 조용히 말없는 상태인 묵상기도나 관상기도의 형태도 있습니다.

예수님은 기도는 남에게 보이기 위해서 하는 것이 아니라고 하셨습니다. 그리고 이렇게 기도하라고 하시면서 주기도문이라는 기도의 모델을 우리에게 알려 주셨습니다. 그리고 토마스 왓슨 목사님의 저서의 제목 중 '기도는 천국의 열쇠이고 믿음은 그 열쇠를 돌리는 손이다'라 하시며 기도가 무엇인지를 알게 하여 주십니다.

우리교회 목사님께서는 기도는 하나님과의 대화이며 "기도는 숨을 쉬는 것"이라 하시며 우리는 숨을 쉬어야 하듯이 쉬지 말고 기도하라 하셨습니다. 그 외 "기도는 듣는 것 즉 하나님의 생각을 듣는 것이다" "기도는 하나님과의 만남이며 소통이다"라고 기도를 정의하면서 하나님은 기도를 통해 주의 뜻을 알리길 원하시며 기도를 통해 동역하시길 원하신다고 우리에게 기도의 길을 알려 주셨습니다.

바울이 작성한 옥중서신 중 골로새 교인들에게 보낸 골로새서 1장 9절은 [**이로써 우리도 듣던 날부터 너희를 위하여 기도하기를 그치지 아니하고 구하노니 너희로 하여금 모든 신령한 지혜와 총명에 하나님의 뜻을 아는 것으로 채우게 하시고**]라고 기록합니다. 이 본문을 보면 바울은 골로새 교인들을 위해 기도를 그치지 않고 규칙적으로 지속적으로 하나님께 구하며 기도했음을 알 수 있습니다. 또 바울은 그들에게 신령한 지혜와 총명을 가지고 하나님의 뜻을 알게 하라고 즉 그들이 무엇이 필요한지를 깊이 알아 세심한 것을 하나님께 아뢰는 기도를 했음을 알 수 있습니다.

따라서 기도는 하나님과 함께하며 하나님이 주시는 말씀을 들으며, 하나님께 아뢰어 대화하는 것으로 여겨집니다. 의식 속에서 내가 나의 육신의 아버지와 대화 하듯 나를 하나님과 함께 나누고 주시는 음성을 듣고 나의 뜻을 전하는 상호 소통의 장임을 알게 합니다. 이를 깨달아 꾸준히 친밀하시고 사랑이 많으신 하나님과 기도로써 말씀하시는 음성을 듣고 아뢰는 기도를 하여야겠습니다.

안식(安息)이 주는 길

안식(安息)이란 말은 한자어로 편안할 安과 쉴 息으로 "편안히 숨을 쉰다"라고 직역이 됩니다. 뜀박질을 급하게 하고나면 숨이 가쁘고 헐떡이다가도 천천히 숨 고르기를 하면서 조용히 쉬면 바로 숨이 편해집니다. 세상을 살아갈 때 달음박질을 하는 이유는 체육시간에 100m나 200m 등 단거리 경주나, 급한 일이 발생하여 빨리 목적지에 도달하기 위해서입니다. 또 다른 의미에서의 달리기는 세상을 살아가면서 본인이 감당하기에 벅찬 업무를 단시간에 수행해야 하거나 타인과의 무한한 경쟁을 치르기 위해 쉼 없이 일을 하는 상태를 표현합니다. 두 경우 모두 안식 즉 휴식이나 여가 시간을 가지지 않고 계속 달린다면 지쳐서 스러지고 말 것은 분명합니다.

안식은 우리에게 평안과 휴식을 주고 재충전을 위한 새로운 에너지를 제공합니다. 예수님은 마태복음 11장 28절에서 30절에 [**수고하고 무거운 짐 진 자들아 다 내게로 오라 내가 너희를 쉬게 하리라 나는 마음이 온유하고 겸손하니 나의 멍에를 메고 내게 배우라 그리하면 너희 마음이 쉼을 얻으리니 이는 내 멍에는 쉽고 내 짐은 가벼움이라 하시니라**]고 말씀하십니다. 이사야 선지자는 이사야 40장 31절은 [**오직 여호와를 앙망하는 자는 새 힘을 얻으리니 독수리가 날개 치며 올라 감 같을 것이요 달음박질하여도 곤비하지 아니하겠고 걸어가도 피곤하지 아니하리로다**]라고 하셨습니다.

"안식은 창조의 완성이다"라는 말을 들었습니다. 하나님은 세상을 창조하실 때 첫날부터 엿새 동안 만물을 숨가쁘게 만드시고 [**그가 하시던 일을 일곱째 날에 마치시니 그가 하시던 모든 일을 그치고 일곱째 날에 안식 하시니라**]고 하시며, 하나님은 모든 것을 지어시고 일곱째 날을 복되게 하시고 거룩하게 하셨습니다. 안식은 하나님의 창조의 섭리이요 하나님이 우리에게 주시는 선물입니다.

안식이 주는 길은 우리의 마음과 영혼을 평안하게 해 줍니다. 세상의 소란과 혼란에서 벗어나, 여유롭고 평화로운 마음으로 살아갈 수 있게 해 줍니다. 그리고 우리의 마음에 안정감을 주어 우리의 몸과 마음을 회복시켜 줍니다. 육체적, 정신적으로 지친 우리에게 휴식을 제공하고, 새로운 에너지를 불어넣어 줍니다. 안식은 우리의 마음과 영혼을 회복시키고, 새로운 힘과 활력을 불어넣어 줍니다. 이렇게 하나님은 우리에게 참된 안식을 주시는 분입니다. 우리는 하나님과 동행하는 삶을 살아, 그분의 사랑과 은혜 가운데 머물러 있을 때 하나님이 주시는 무한한 축복의 길이요 참된 안식을 누릴 수 있습니다.

순종의 길

우리는 흔히 사무엘상 15장 22절인 [**사무엘이 이르되 여호와께서 번제와 다른 제사를 그의 목소리를 청종하는 것을 좋아하심 같이 좋아하시겠나이까. 순종이 제사보다 낫고 듣는 것이 숫양의 기름보다 나으니라**]는 성경 말씀을 인용하며 순종이 제사 보다 낫다는 말을 하면서 그 내용을 묵상하기도 합니다. 그러면 '하나님 뜻에 순종하는 사람'이 무슨 뜻일까? 주일을 지키고, 십일조를 하고, 교회에서 봉사활동을 하는 게 순종일까? 아니면 집사가 되고, 권사가 되고, 장로가 되는 게 순종일까? 그도 아니면? 답은 멀리 있지 않습니다. 문제 속에 답이 있습니다. 답과 문제는 한 몸이니까. 그럼 '순종하는 사람' 대신 '순종하지 않는 사람'을 먼저 찾으면 됩니다.

하나님 뜻에 순종하지 않는 사람 그들은 누구일까요? 이에 우리는 자주 착각을 하고 있습니다. 나와 종교가 다르고, 나와 교단이 다른 사람들이라 합니다. 과연 그럴까요? 모세가 받은 십계명 중 하나는 '우상을 섬기지 말라'고 합니다. 흔히 불상에 절을 하거나, 금으로 만든 송아지 따위를 모시는 걸 우상이라 여깁니다. 십계명에 담긴 의미는 그리 간단치 않습니다. '하나님 뜻'에 순종하지 않는 사람들은 어디에 순종할까요? 하나님의 뜻보다 더 강력한 영향력을 행사하는 '절대자 위의 파워'는 대체 뭘까요?

우리는 신을 섬긴다는 명분으로 수시로 '나'를 섬기지는 않나요? 나의 기대, 나의 성공, 나의 욕망이 성취되게끔 하나님이 일하기를 바랍니다. 내가 하나님의 뜻을 따르는 게 아니라, 하나님이 '나의 뜻'을 따르기를 바랍니다. 그걸 위해 기도까지 합니다. "~하게 해주십시오!" "제발 ~가 되게 해주세요!" 그러니 누가 누구를 섬기는 것입니까. 내가 하느님을 섬기는 걸까, 아니면 하느님이 나를 섬기는 걸까요?

십계명에서 경고한 '우상'은 멀리 있지 않습니다. 아주 가까이 있습니다. 하느님보다 더 강력하게, 더 열정적으로 섬기는 '나만의 신' 그게 대체 누구일까요. 그렇다면 "그게 바로 나다"라고 말할 수 있습니다. 하느님 뜻에 순종하지 않는 이들도 나의 뜻에는 순종합니다. 그러니 법당에 앉아 있는 불상이 우상이 아니라 내가 바로 우상입니다. 신의 뜻을 가리는 나의 뜻이야말로 진정한 우상입니다. 우상 섬길에서 회개하고 오직 하나님 한분만이 진정 나의 절대자이심을 알아야 합니다.

회개를 예수님은 아람어로 "타브(tab)!"라고 하셨는데 그리스어로 "메타노이아(metanoia)!" 입니다. 이는 회심(回心) 즉 마음의 눈을 돌리라는 뜻으로 언제든지 가서 쉬고 싶은 영원한 고향 길로 돌아감을 뜻합니다. 나는 이제 혼탁한 세상만을 바라보는 어리석음보다 하나님의 말씀에 눈을 돌리고 말씀만을 따르는 순종의 길로 나아가야 할 것을 다짐해 봅니다.

출처: 중앙일보_백성호의 현문우답: "예수를 만나다"에서 각색했음

지는 것이 이기는 길

세상은 언제나 우리에게 "경쟁에서 살아남아야 만 이 세상을 이기는 길입니다"라고 가르치며 경쟁을 부추기고 있습니다. 언젠가부터 세상에서 유행하는 소위 개혁이라는 실체를 들여다보면 실지로 서로 서로의 경쟁에서 살아남는 수단을 위한 방법제시가 너무나도 많습니다. 내가 아내에게 가끔 하였던 말은 "지는 것이 이기는 것이야"라고 한 것입니다. 그때 나는 내심 이 말이 진정인가? 아니면 나를 변명하기 위한 것은 아닌가? 하며 의구심을 가지기도 했습니다. 그러나 아내는 "그래요, 그 말이 맞아요"라고 맞장구를 쳐주어 흐뭇했습니다.

그러나 실지로 나는 누구보다도 경쟁에서 뒤지는 것을 힘들어하고 뒷전으로 밀려남은 실패라고 여겼음을 고백합니다. 성경을 보면 사도 바울이 빌립보서 3장 5장에서 [**자기는 히브리인 중의 히브리인이요 유대인이 자랑하는 베냐민지파이며 율법으로는 바리새인으로 선민사상을 가진 유대인의 고수라**]라고 말합니다. 그러나 그 이하 구절 특히 8절에서는 [**이러한 자랑은 모든 것을 배설물로 여긴다**]고 기록하고 있습니다. 이는 사도 바울이 부활하신 예수그리스도를 다메섹 도상에서 만나 그가 변화되고 복음의 길로 나아간 결과가 아닌가 생각합니다. 또한 그는 고린도교회에 보낸 서신인 고린도전서 9장 25절에서 [**이기기를 다투는 자마다 모든 일에 절제하나니 그들은 썩을 승리자의 관을 얻고자 하되 우리는 썩지 아니할 것을 얻고자 하노라**]라고 말씀하고 있습니다. 예수님을 진정 만나고 알게 될 때 우리 안에 나타나는 변화야 말로 성경으로 알려주시는 기적이요 표적일 것입니다.

나의 과거를 돌이켜 보아도 나는 언제나 어디에서나 일등이요 늘 기쁨이 가득한 길만을 걷지 않았으며 좌절과 슬픔을 경험한 일들이 헤아릴 수없이 많았습니다. 이로 인해 내 안에는 자기 합리화인 듯 "지는 것이 이기는 것입니다"라는 고백을 했지 않나 라고도 생각해 봅니다. 그러나 사도바울이 자기의 자랑거리가 배설물이라 여기면서 예수님을 따름이 얼마나 큰 은혜인지를 고백하는 모습을 보면서 나도 제일 앞장의 행보만을 걷지 않도록 인도하신 하나님의 참뜻을 조금이나마 깨달게 되며 좋으신 하나님께 감사드립니다. 프랜시스 콩은 그의 저서에서 "두 번째 쥐가 치즈를 먹는다"라고 기록하고 있습니다. 첫 번째 쥐는 쥐덫에 걸리게 되지만 뒤따라 달려간 두 번째 쥐가 치즈를 취하게 되기 때문입니다. 우리의 삶이 항상 첫 번째가 최고인 것만은 아닌 것임을 에둘러 하는 말인 듯합니다.

감사의 길

나는 2015년 10월부터 세종시 서쪽에 위치한 한 아파트에서 살다가 근무지가 있는 대전으로 옮기려고 대전에서 건설 중인 아파트를 구입하게 되었다. 새로운 아파트가 완공되고 입주 날이 가까워지면서 세종시의 아파트가 팔리기를 간절히 바라고 있었습니다. 그런데 2020년 1월에 그 바람이 갑자기 이루어졌습니다. 나와 아내가 큰딸이 사는 서울에 갔다가 내려오는 길에 복덕방에서 전화가 왔습니다. 오후에 어느 분이 "집을 보러 오겠습니다"라고 하여 우리는 집에 도착 후 급히 집을 정리하였고 조금 후 복덕방 사장이 집을 매입하려 하시는 부부와 같이 방문했습니다. 그 부부는 대전에 위치한 큰 장로교회의 안수집사님이시고 권사님이셨습니다. 집을 들러 보고 말없이 나가셨습니다. 그런데 조금 후 다시 문을 두드리며 복덕방

사장님과 오셔서 집을 계약 하겠습니다 하시며 선금으로 3백만 원을 입금하겠다고 하셨습니다. 이렇게 하여 우리 부부가 정확히 4년 반을 살았든 세종시의 아파트가 정말 한순간에 꿈같이 팔렸습니다. 우리 부부는 1년 이상을 이 아파트가 팔리기를 기도했고 대전의 새로운 아파트에도 입주 할 수 있게 되어 하나님께서 우리 부부를 사랑하시사 베푸신 은혜에 감사의 기도를 올려드렸습니다.

이처럼 우리가 하나님께서 베푸신 은혜에 감사하여 올려드리는 이 기도가 경쟁과 불확실 속에 살아가는 우리에게는 기쁨의 기도입니다. 그러나 우리에게는 이러한 행복한 결과를 두고 감사하며 드리는 기도 보다 하나님께 떼를 쓰고 이루어 주십사고 바라며 기도할 때가 훨씬 많았음을 고백합니다.

요한복음 15장 7절에서 [**너희가 내 안에 거하고 내 말이 너희 안에 거하면 무엇이든지 원하는 대로 구하라 그리하면 이루리라**]고 하신 말씀에는 하나님의 말씀이 우리 안에 거하면 하나님은 우리가 원하시는 대로 이루신다고 알려주십니다. 또한 고린도후서 4장 18절에서는 [**우리가 주목하는 것은 보이는 것이 아니요 보이지 않는 것이니 보이는 것은 잠깐이요 보이지 않는 것은 영원함이라**]라고 말씀하시며 보이지 않는 것은 영원하심을 알려주십니다.

이루어 주신 분도 하나님이시며 이루어 주실 분도 하나님이십니다. 우리가 하나님은 영원 하사 우리 곁에서 살아 역사하심을 믿어 전지전능하신 그분을 의지하고 늘 감사와 찬양으로 올려드리는 끊임없는 기도의 길이야말로 우리가 택해야 할 영생의 길임을 확신하게 됩니다.

세상을 살아가는 길

마태복음 16장 24절에 보면 예수님께서는 제자들에게 [**누구든지 나를 따라오려거든 자기를 부인하고 자기 십자가를 지고 나를 좇을 것이니라**]라고 말씀하십니다. 하나님의 백성인 우리들은 누구나 예수님을 따르고 예수님의 길을 가려고 합니다. 그런데 여기에는 대전제가 있습니다. 그것은 바로 '자기 부인'입니다.

불교에서 탐욕(貪欲)과 진에(瞋恚)와 우치(愚癡), 곧 탐내어 그칠 줄 모르는 욕심과 노여움과 어리석음, 이 세 가지 번뇌는 열반에 이르는 데 장애가 되므로 삼독(三毒)이라 합니다. 마찬가지로 성경에서도 야고보서 1장 15절에서는 [**욕심이 잉태한즉 죄를 낳고 죄가 장성한즉 사망을 낳느니라**]라고 기록하며 욕심은 결국 죄를 잉태하고 사망에 이른다고 말씀하십니다. 노여움은 사도 바울이 골로새서 3장 8절에서 [**이제는 너희가 이 모든 것을 벗어 버리라 곧 분함과 노여움과 악의와 비방과 너희 입의 부끄러운 말이라**]고 골로새의 성도들에게 말하며 분함과 노여움을 벗어라 명하고 있습니다. 어리석음 역시 잠언 9장 6절에서 [**어리석음을 버리고 생명을 얻으라 명철의 길을 행하라 하느니라**]고 어리석음을 버리라고 말씀하십니다.

우리는 이 세상을 살아가면서 예수님의 말씀대로 나를 부인하고 욕심을 버리고 노여움과 어리석음에서 벗어나려 노력합니다. 그러나 우리는 남과 비교하며 나의 삶이 곤고하다고 하면서 실족할 때가 한두 번이 아님을 솔직히 고백합니다. 그러나 우리가 주위에서 함께하는 타인들과 많은 상황이 다름을 깨달아야 합니다. 더불어 욕심과 노여움 어리석음을 버리고 나 자신을 내려놓고 오직 하나님이 주시는 이 세상에서의 삶을 영위하여야 합니다. 우리는 세상이 주는 부정적 요소를 이겨내어 늘 하늘나라의 소망을 가지고 승리와 기쁨의 삶을 영위하도록 늘 깨어 기도하여야겠다고 다짐해 봅니다.

부재(不在)로 느낀 사랑의 길

우리나라에는 2020년 2월이 들면서 코로나19가 급속히 전파되고 온 국민이 코로나19 바이러스의 공포에 휩싸이어 국민들 상호 간에 접촉 및 이동에 제한을 받았습니다. 이러한 현상은 우리나라 뿐만 아니라 전 세계가 펜데믹[pandemic] 상태에 빠져 나라 간 이동이 금지되었습니다.

이러한 사람 간의 접촉이 제한되면서 비대면[untact]이란 용어가 만연하고 이즈음 가장 사람 간 접촉 제한에 주목을 받는 곳 중의 하나가 교회였습니다. 교회의 성도들은 매주 주일예배를 필두로 새벽예배 수요예배 등의 예배와 구역 식구들 간의 모임과 성경 공부를 위한 모임 등 성도들 간의 대면을 통해 각자가 영성을 쌓아 가고 하나님이 주시는 말씀을 더 깊이 알아 가곤 하여 왔습니다.

우리가 세상을 살아가노라면 늘 나의 곁에서 나를 보호하시든 부모님이 세상을 떠나 하늘나라로 가신 후 부모님의 자리가 얼마나 큰 것이었나를 깨닫게 됩니다. 사랑하는 사람이 나를 떠나 곁에 없을 때 우리는 그 사람을 더 생각하기도 합니다.

우리가 늘 생각 없이 때가 되면 으레 해야 하는 행위들이 있습니다. 그중에 나는 주일이 되면 아침부터 준비하여 교회에 가고 하나님 전에 예배드리고, 교회 성도님들과 웃고 인사하고 같이 점심 식사도 하고 하는 것은 당연한 것으로 몇 십 년을 겪어 왔습니다. 그러나 이러한 일상이 갑자기 제약을 받으며 주일날 교회에 참석하여 예배를 드릴 수 없게 되어서야 교회에서 함께 예배를 드림이 얼마나 소중함을 깨닫게 되었습니다.

이러한 예배의 제약이 오면서 교회 각 지체는 온라인으로나마 코로나가 시급히 퇴치되기를 바라며 다시 함께 모여 하나님을 찬양하고 예배드리기를 간절히 각자의 처소에서 기도합니다. 그뿐만 아니라 교회에서 목회자들과 성도들 간에 서로 만남이 없는 상호 부재(不在)를 겪으며 서로의 소중함과 사랑을 진정으로 느꼈음을 고백합니다.

회개로의 길

몇 년 전 미국 LA에 갔을 때 헐리우드 거리를 가는대 뒤에서 한국말로 '회개하라 천국이 가까웠느니라'고 외치며 한국인 7~8여명이 피켓을 들고 거리를 누비고 다니는 것을 보았습니다. 그때 나는 내가 어릴 때 살던 곳에서 가끔 보아 왔던 장면이었고 지금도 이렇게 전도하고 있네 라고 생각했습니다. 그때 문득 천국 즉 하나님 나라를 가려면 회개를 반듯이 해야 하나? 라는 강한 의문이 생겼던 기억이 납니다.

그 후 저희 교회에서 2003년부터 시작한 중보기도 학교의 간사로 섬기면서 배웠든 죠이 도우슨의 중보기도의 12가지 원칙 중에서 가장 먼저 '하나님이 어떤 분이신가에 대해 찬양하고 주 예수님과 같은 멋진 사역에 동참할 수 있는 특권 주심을 찬양한다'이고 그 다음이 '성령님의 인도하심을 따라서 고백하지 않은 숨은 죄를 자백하여 정결하고 깨끗한 마음을 주시도록 한다'라는 것이 떠올랐습니다. 회개는 죄를 인정하고 하나님께 용서를 구하는 행위로 죄로 인해 하나님과 우리 사이가 단절된 것을 회복하는 과정입니다. 회개를 통해 우리는 하나님과의 관계를 회복하고, 죄로 인해 잃어버린 평안과 기쁨을 되찾을 수 있습니다.

시편 66편 18장에서 [**내가 나의 마음에 죄악을 품었더라면 주께서 듣지 아니하시리라**]고 말하십니다. 이 처럼 하나님과의 대화인 기도의 자리로 나아가기 위해 죄를 자백하고 회개하며 거룩하신 하나님 앞으로 나아감이 얼마나 중요하고 필요한 것인지를 다시 한번 알게 되었습니다.

회개를 영어 성경에서는 Repent라 기록하며 이는 왔든 길을 180도로 돌아간다는 뜻을 내포하고 있습니다. 또 다른 영어의 Metanoia라는 단어가 있는데 이 단어를 영한사전에서는 '(생각이나 가치관의)전환, 혹은 변화'라고 번역하지만 회심이라 번역하기도 합니다. 다시 말해 회개는 우리를 뒤돌아보고 나의 잘못과 죄를 깊게 뉘우치는 것입니다. 여기에 회개의 더 강조점은 뉘우치며 반드시 행동으로 그 상황을 고치는 것입니다. 다시 말해 이러한 뉘우침을 반복하지 않겠다고 하나님 앞에 맹세해야 할 것입니다.

회개는 새로운 시작을 의미합니다. 죄를 회개하면 우리는 과거의 죄에서 벗어나고 새로운 삶을 시작할 수 있습니다. 새로운 삶을 시작하는 기쁨은 우리에게 큰 희망을 줍니다. 회개는 죄로 인해 상처받은 마음을 치유하고, 하나님과의 관계를 회복하며, 새로운 삶을 시작하는 길입니다. 회개를 통해 우리는 죄 사함의 기쁨, 하나님과의 관계 회복의 기쁨, 새로운 시작의 기쁨을 누릴 수 있습니다.

누가복은 15장에는 잃었든 아들을 되찾은 아버지의 비유가 있습니다. 아버지의 유산을 미리 받아 세상으로 나가 향응과 쾌락으로 소진해버리고 고통으로 살다가 결국 다시 아버지를 찾아왔을 때 아버지는 그 아들을 멀리 뛰어나가 입 맞추고 맞이하며 살찐 송아지를 잡아 배불리 먹게 합니다. 그 모습을 못마땅하게 여긴 큰 아들이 불평하지만 회개하여 돌아온 아들을 환대하고 용서하는 아버지의 모습이 기록되어 있습니다. 하나님은 이렇게 자신의 잘못을 진심으로 회개하고 돌아올 때 맞이해 주시고 용서해 주시는 하나님이십니다.

"회개하는 자에게는 미래가 있다"라는 말을 들은 적이 있습니다. 세상 속을 헤매는 우리는 알게 모르게 하나님의 말씀과 뜻에 어긋나는 삶과 행동으로 죄를 짓고 있음을 인정합니다. 우리는 끊임없이 하나님께 우리의 죄를 고백하고 회개하며 살아가는 길이 참된 믿음의 길임을 알게 합니다.

육의 죽음과 영생으로의 길

세상 사람들이 두려워하는 것 중의 하나가 죽음입니다. 죽음이란 현존하는 세상과 교류의 부재(不在)를 의미합니다. 즉 우리가 죽음에 이러면 이 세상에 속한 모든 것은 물론 현재에 살아 함께하는 모든 분들과는 이제 더 이상 소통이 단절됩니다. 이로 인해 죽음을 맞이하면 남아있는 이들이 슬퍼하고 애통해 하는 것입니다. 육의 죽음에 대해 고린도전서 15장 21절에서 [**사망이 한 사람으로 말미암았으니**…]라 말씀하심은 아담의 선악과 사건으로 인해 아담은 영생에서 결국 죽음에 이르게 됩니다. 하나님은 아담에게 불순종하는 날이면 정녕 죽을 것이라 말씀하셨습니다. 그 일이 있은 후 선악과를 먹은 아담은 즉시 죽임을 당하지 않았으나 그의 나이 930세에 결국 죽음을 맞이하게 됩니다.

그러나 고린도전서 15장 22절은 [**아담 안에서 모든 사람이 죽은 것 같이 그리스도 안에서 모든 사람이 삶을 얻으리라**]고 말씀하시며 그리스도 안에서 다시 삶을 얻는다 즉 죽음은 잠자는 것이요 그리스도로 말미암아 다시 잠에서 깨어나 부활함을 알려 주고 있습니다.

나도 청년기 예수님을 알기 전에는 기독교에서는 부활을 믿고 이를 중요한 교리로 여긴다고 알고는 있었지만 나의 생각으로 사람이 죽으면 흔히 TV 드라마에서 보여주듯이 영혼이 육체에서 떠나는 육과 혼이 분리되고 육체는 썩어 흙으로 사라지나 영혼은 남아 있으며 죄를 지어면 저 세상으로 가지 못하고 이 세상을 헤매고 있다고 여겼습니다. 지금 와 보니 이는 헬라 철학자들도 말한 영혼불멸설과 유사한 생각입니다. 이는 몸의 부활을 확실히 알지 못하였기 때문입니다.

우리가 매일 반복해서 신앙고백을 하는 사도신경의 마지막 부분 "몸의 부활과 영생을 믿습니다. 아멘"에서 몸의 부활을 매일 되풀이하며 기도 합니다. 즉 몸이 다시 부활함을 매일 고백하면서도 이를 깊게 깨닫지 않고 있습니다. 성경 고린도 전서 15장 51절에서 53절 [**보라 내가 너희에게 비밀을 말하노니 우리가 다 잠 잘 것이 아니요 마지막 나팔에 순식간에 홀연히 다 변화되리니 나팔 소리가 나매 죽은 자들이 썩지 아니할 것으로 다시 살아나고 우리도 변화되리라 이 썩을 것이 반드시 썩지 아니할 것을 입겠고 이 죽을 것이 죽지 아니함을 입으리로다**]고 말하십니다.

사도 바울은 우리에게 비밀을 말하여 주시면서 잠자는 우리는 나팔소리에 홀연히 변화되어 썩지 아니하는 부활체의 몸을 입게 되어, 죽을 것이 죽지 아니함을 입을 것임을 알려주십니다. 다시 오실 나의 구세주이신 예수님으로 말미암아 우리는 죽음에서 영생의 길로 갈 수 있게 하심을 알게 하여 주십니다.

겸손이 인도하는 길

대부분 사람은 자신보다 약하다고 생각되는 이에게는 쉽게 대하고 무례하게 행동을 하게 되는 경향이 있습니다. 소위 갑질이 슬며시 그 안에 나타나게 된다는 것입니다. 뉴스나 신문 지상에서 약한 사람을 괴롭히는 소식을 대하면 분노가 치밀어 오릅니다. 혹시 나 자신도 그렇지 않을까요? 상대가 나보다 더 많이 알고, 더 부자이고, 성경 구절도 더 많이 안다는 생각이 들면 기가 죽고 반대로 내가 더 우월하다는 생각이 들면 기가 살거나 마음에 교만이 싹틈은 속일 수 없습니다. 이러한 상황에서는 겸손이 나타날 수가 없습니다.

야고보서 4장 6절 [**하나님이 교만한 자를 물리치시고 겸손한 자에게 은혜를 주신다 하였느니라**]고 성경은 말씀하십니다. 이때 우리 마음 안에 우리 주 그리스도 예수님의 마음을 품으면 어떻게 될까요? CS 루이스는 "겸손이란 자신을 낮추는 것이 아니라 자신에 관한 생각을 적게 하는 것"이라고 하였고 18세기 신학자이신 조나단 에드워즈는 "겸손 만큼 사람을 마귀의 손아귀에서 멀리 벗어나게 하는 것은 아무것도 없다"라고 말씀하셨습니다.

하나님의 독생자 만왕의 왕 예수님은 광야에서 40일간 마귀 사탄의 유혹에도 이기시고 또 우리의 죄를 대신하셔서 십자가의 고통을 담당하셨습니다. 여기에는 자신을 낮추시는 것이 아니라 자신을 버리시고 죄 많은 우리를 위해 십자기를 지신 것입니다. 이는 겸손의 극치를 보여주시고 행하신 것임을 우리는 너무나도 잘 알고 있습니다.

겸손이란 자기 자신을 낮추고 다른 사람을 존중하는 태도를 말합니다. 겸손의 시작은 먼저 상대를 이해하고 존중하는 마음을 가져야합니다. 이해를 영어로는 understanding임을 우리가 잘 알고 있습니다. 타자를 이해를 하려면 그보다도 더 낮은 곳(under)에 서야(standing)한다는 뜻인 듯합니다.

예수님의 행하심을 본받은 우리는 자신의 능력을 과시하지 않으며 자신의 능력을 자랑스러워하지만, 그것을 다른 사람을 깎아내리거나 과시하는 데 사용하지 않아야 합니다. 항상 배우려는 자세를 가지고 다른 사람의 의견을 존중하고, 자신의 잘못을 인정할 줄 알아 사랑을 실천하는 삶으로 나아가는 것이야 말로 겸손이 인도하는 길이라 여겨집니다.

육의 죽음과 영생으로의 길

세상 사람들이 두려워하는 것 중의 하나가 죽음입니다. 죽음이란 현존하는 세상과 교류의 부재(不在)를 의미합니다. 즉 우리가 죽음에 이러면 이 세상에 속한 모든 것은 물론 현재에 살아 함께하는 모든 분들과는 이제 더 이상 소통이 단절됩니다. 이로 인해 죽음을 맞이하면 남아있는 이들이 슬퍼하고 애통해 하는 것입니다. 육의 죽음에 대해 고린도전서 15장 21절에서 [**사망이 한 사람으로 말미암았으**⋯]라 말씀하심은 아담의 선악과 사건으로 인해 아담은 영생에서 결국 죽음에 이르게 됩니다. 하나님은 아담에게 불순종하는 날이면 정녕 죽을 것이라 말씀하셨습니다. 그 일이 있은 후 선악과를 먹은 아담은 즉시 죽임을 당하지 않았으나 그의 나이 930세에 결국 죽음을 맞이하게 됩니다.

그러나 고린도전서 15장 22절은 [**아담 안에서 모든 사람이 죽은 것 같이 그리스도 안에서 모든 사람이 삶을 얻으리라**]고 말씀하시며 그리스도 안에서 다시 삶을 얻는다. 즉 죽음은 잠자는 것이요 그리스도로 말미암아 다시 잠에서 깨어나 부활함을 알려 주고 있습니다.

나도 청년기 예수님을 알기 전에는 기독교에서는 부활을 믿고 이를 중요한 교리로 여긴다고 알고는 있었지만 나의 생각으로 사람이 죽으면 흔히 TV 드라마에서 보여주듯이 영혼이 육체에서 떠나는 육과 혼이 분리되고 육체는 썩어 흙으로 사라지나 영혼은 남아 있으며 죄를 지어면 저 세상으로 가지 못하고 이 세상을 헤매고 있다고 여겼습니다. 지금 와 보니 이는 헬라 철학자들도 말한 영혼불멸설과 유사한 생각입니다. 이는 몸의 부활을 확실히 알지 못하였기 때문입니다.

우리가 매일 반복해서 신앙고백을 하는 사도신경의 마지막 부분 "몸의 부활과 영생을 믿습니다. 아멘"에서 몸의 부활을 매일 되풀이하며 기도 합니다. 즉 몸이 다시 부활함을 매일 고백하면서도 이를 깊게 깨닫지 않고 있습니다. 성경 고린도 전서 15장 51절에서 53절 [보라 내가 너희에게 비밀을 말하노니 우리가 다 잠 잘 것이 아니요 마지막 나팔에 순식간에 홀연히 다 변화되리니 나팔 소리가 나매 죽은 자들이 썩지 아니할 것으로 다시 살아나고 우리도 변화되리라 이 썩을 것이 반드시 썩지 아니할 것을 입겠고 이 죽을 것이 죽지 아니함을 입으리로다]고 말하십니다.

사도 바울은 우리에게 비밀을 말하여 주시면서 잠자는 우리는 나팔소리에 홀연히 변화되어 썩지 아니하는 부활체의 몸을 입게 되어, 죽을 것이 죽지 아니함을 입을 것임을 알려주십니다. 다시 오실 나의 구세주이신 예수님으로 말미암아 우리는 죽음에서 영생의 길로 갈 수 있게 하심을 알게 하여 주십니다.

낙타가 가면 길이 됩니다

아프리카 속담에 '낙타가 가면 길이 된다'는 말이 있다고 어디에 선가 들은 적이 있습니다. 사막의 배라고 하는 낙타가 사방을 둘러보아도 모래밭 모래 언덕뿐인 사막에서 야생의 낙타는 사막에서 오랜 시간 동안 물을 찾아 이동해야 하는 동물입니다. 낙타는 물을 많이 저장할 수 있는 혹을 가지고 있지만, 그럼에도 불구하고 사막에서 물을 찾는 것은 쉽지 않습니다. 낙타는 물을 찾기 위해 먼 거리를 걸어야 하며, 그 과정에서 많은 어려움을 겪습니다. 하지만 낙타는 포기하지 않고 꾸준히 걸으면서 결국 물을 찾아냅니다.

가끔 사막에서 아랍의 상인들이 여럿이 줄을 지어 낙타에 가득 짐을 싣고 그들의 행선지를 향해 걸어가는 사진을 보곤 합니다. 자세히 보면 열을 지어 가는 제일 선두의 낙타는 목적지를 향해 나아가고 그 뒤를 따르는 다른 낙타는 선두 낙타를 따라가면서 한 무리의 낙타 때가 지나가면 길이 됩니다.

사도행전 16절 6장에서 10장을 보면 바울 사도는 2차전도 여행에서 [**성령이 아시아에서 말씀을 전하지 못하게 하시거늘 그들이 브루기아와 갈라디아 땅으로 다녀가 무시아 앞에 이르러 비두니아로 가고자 애쓰되 예수의 영이 허락하지 아니하시는지 무시아를 지나 드로아로 내려갔는데 밤에 환상이 바울에게 보이니 마게도냐 사람 하나가 서서 그에게 청하여 이르되 마게도냐로 건너와서 우리를 도우라 하거늘 바울이 그 환상을 보았을 때 우리가 곧 마게도냐로 떠나기를 힘쓰니 이는 하나님이 저 사람들에게 복음을 전하라고 우리를 부르신 줄로 인정함이러라**]고 기록하고 있습니다. 하나님께서 사도 바울의 여정을 터어키 서쪽 드로아에서 바다를 건너 마게도니아 즉 지금의 그리스 땅 네압볼리에 도착하여 빌립보를 시작으로 하여 복음이 서쪽으로 나아가도록 그의 길을 인도 하셨습니다.

만약 사도 바울이 처음 계획대로 그들의 행선지를 동쪽으로 나아갔다면 복음 전도의 길이 완전히 달라졌을 것입니다. 그러나 하나님은 그 길을 서쪽으로 인도하시면서 역사 속에서 고난과 전쟁과 많은 피 흘림이 있었지만 결국은 하나님의 기쁜 소식이 먼저 서쪽으로 서쪽으로 나아가는 첫 단초가 된 것입니다.

우리의 삶도 마찬가지입니다. 우리가 원하는 것을 이루기 위해서는 많은 어려움을 겪기도 합니다. 하지만 그 어려움을 견뎌내고 꾸준히 노력하면 결국 원하는 것을 이룰 수 있습니다. 낙타가 가면 길이 된다는 속담은 우리에게 하나님의 뜻을 알아 그 길을 향해 꾸준히 노력하라는 메시지를 전달하고 있습니다.

형제 애(愛)의 길

성경 말씀에는 형제들의 이야기가 자주 등장합니다. 가장 먼저 등장하는 형제는 가인과 아벨입니다. 이들의 부모님은 하나님이 손수 만드신 아담과 하와입니다. 그러나 가인은 아벨을 쳐서 죽이는 인간 최초의 살인사건의 장본인이 됩니다. 그 후 족장시대에 와서도 이삭과 이스마엘, 에서와 야곱 그리고 요셉과 11명의 다른 형제들에 대한 이야기가 기록되며 이들 중에는 형제들 간에 시기, 질투 반목들의 이야기가 내용 중에 있습니다. 그러나 출애굽기에 등장하는 모세와 그의 형 아론은 서로 돕고 함께하여 출애굽한 이스라엘 민족을 가나안 땅으로 인도하는 의좋은 형제도 있습니다.

형제 애(愛)는 형과 동생 간에 서로를 이해하고 돕고 격려하는 관계로 형성됩니다. 형제들은 어렸을 때부터 함께 자라면서 같은 부모 슬하에 많은 것을 공유하며, 같은 집에서 생활하므로 공통된 경험을 가져 형제들 사이에 강한 유대감을 형성합니다. 이는 형제들뿐만 아니라 가족 전체에게도 큰 도움이 됩니다. 형제들은 서로를 돕고 격려함으로써 가족의 결속력을 강화하여 서로가 세상을 살아가는데 큰 도움이 됩니다.

하나님은 우리가 살아가는 이 세상에서 가장 먼저 만드신 공동체가 가족입니다. 이 가족은 부모님 아래 형제자매로 구성되어 서로 서로를 사랑으로 묶고 있습니다. 가끔 신문이나 TV 뉴스에 형제들 간에 욕심으로 법정으로 가거나 심지어는 서로에게 상해를 주는 사건들을 보기도 합니다. 이는 많은 세상의 형제들 중에 특별한 소수 몇몇의 형제들 간이라 여겨집니다.

형제간의 우애는 평생 동안 지속될 수 있는 소중한 관계입니다. 형제들은 서로의 가장 친한 친구가 되고, 서로의 가장 큰 버팀목이 될 수 있습니다. 형제간의 우애는 형제들뿐만 아니라 가족 전체에게도 큰 행복과 기쁨을 가져다 줍니다. 형제 애(愛)의 길은 서로를 이해하고 존중하며, 약점이나 나약한 부분은 이해하고 보완하며, 서로의 아픔이 있을 때 하나님 앞에 엎드려 함께 기도로 나아가는 길은 사랑의 길일 것입니다.

언약으로의 길

언약이란 단어를 떠올리면 먼저 하나님께서 노아에게 하신 말씀의 언약이 생각납니다. 창세기 9장 11절에서 [**내가 너희와 언약을 세우리니 다시는 모든 생물을 홍수로 멸하지 아니할 것이라 땅을 멸할 홍수가 다시 있지 아니하리라**] 홍수로 세상을 심판하시고 그 후 노아와 그 아들들에게 이와 같이 말씀 하시고 그 언약의 징표로 무지개를 구름사이에 두시며 이것이 하나님과 세상 사이의 언약의 증거라고 말씀 하십니다.

언약과 비슷하고 혼동 서러운 말에 계약이라는 말이 있습니다. 언약과 계약은 모두 두 당사자 간의 합의이지만, 몇 가지 중요한 차이점은 언약은 일반적으로 더 개인적이고, 더 강한 의무감과 헌신을 나타냅니다. 계약은 일반적으로 더 공식적이고, 법적 구속력이 있습니다. 언약은 종종 종교적 또는 도덕적 의미를 지닙니다. 예를 들어, 결혼은 종교적 또는 도덕적 언약으로 간주됩니다. 계약은 일반적으로 법적 의미를 지닙니다. 예를 들어, 집을 사거나 차를 사는 것은 법적 계약입니다.

예를 들어 현재 우리가 집을 사고 팔 때나 어떤 물건의 매매 계약서는 두 장을 작성하여 임대인과 임차인이 서로 서명하여 한 장씩 보관하며 이는 법적인 효력을 가집니다. 오래전 중근동 지방에서 두 나라 간에 서로 합의서를 나눌 때 소나 양을 잡아 그 시신을 세로로 반쪽을 나누고 그 사이를 두 나라의 왕이나 계약 책임자가 지나가므로 계약이 성사됨을 알렸다고 합니다. 이러한 풍습이 현재 예식장에 남아있는데 신랑 신부가 입장과 퇴장 시 통로를 중앙으로 양쪽에 축하객들이 나누어 앉고 그 사이를 지나게 하고 있습니다.

성경에는 여러 가지 언약이 나타납니다. 가장 중요한 언약은 아브라함과 하나님이 맺은 언약입니다. 이 언약은 하나님이 아브라함과 그의 후손들에게 땅을 주겠다고 약속한 것입니다. 이 언약은 이스라엘의 역사에서 매우 중요한 역할을 했습니다. 이스라엘 백성은 이 언약을 통해 자신들의 정체성을 확인하고, 하나님을 신뢰하게 되었습니다.

성경의 언약들은 우리에게 많은 의미를 줍니다. 첫째, 언약은 하나님이 인간을 사랑하시고, 그들을 축복하시겠다는 약속입니다. 둘째, 언약은 하나님이 인간에게 구원을 주겠다는 약속입니다. 셋째, 언약은 하나님이 인간과 함께하시겠다는 약속 입니다.성경의 언약은 우리에게 큰 위로와 소망을 줍니다. 하나님은 언약을 통해 우리에게 자신의 사랑과 구원을 약속하셨습니다. 우리는 이 약속을 믿고, 하나님을 신뢰하며 살아갈 수 있습니다.

창조에서 이어온 시간의 길

몇 년 전 어느 장관급에 후보자 청문회에서 그분이 과거 창조과학회에서 이사직을 역임한 경력이 논란이 되고 결국에는 취임이 무산되는 사건을 기억합니다. 이때 장관 후보자에게 던지는 질문 중 "지구의 나이가 65,000만년이냐? 45억년이냐?"고 추궁하는 모습을 보았습니다.

유대인들은 천지가 창조된 해를 기원전 3761년으로 보아 그들이 사용하는 유대력 즉 유대인의 달력에는 현재 사용되는 서기에 3761년을 더한 숫자로 올해가 서기 2023년이니 유대력으로는 5784년입니다. 과거 우리나라도 단기라는 햇수를 사용하였는데 서기의 햇수에 2333년을 더한 숫자로 올해는 단기 4356년입니다. 토라나 성경에서 그들은 숫자를 숫자 자체보다 숫자가 가지는 상징성을 나타내고 있습니다. 예를 들어 숫자 3은 하늘을 뜻하는 수이고, 4는 동서남북인 땅을 상징하는 숫자입니다. 7과 12는 완전 숫자로 3+4, 3×4에서 나온 것입니다. 베드로 후서 3장 8절에서는 [**사랑하는 자들아 주께는 하루가 천 년 같고 천 년이 하루 같다는 이 한 가지를 잊지 말라**]고 기록하며 1,000이란 숫자는 더 큰 숫자가 없는 꽉 찬 숫자를 상징합니다.

하나님은 우리 인간들이 현재 알고 있는 시간(Time)의 개념으로 해가 지고 어둠이 시작되는 저녁을 지난 후 해가 뜨는 아침이 되었을 때를 첫날이라고 말씀하십니다. 우리가 세상 속을 살아가는데 편리하게 선형적 개념의 과거 현재 미래라는 직선적 시간을 주셨습니다. 그러나 하나님은 영원 속에서 인간이 알고 있는 시간과 공간을 훨씬 초월하신 분이십니다. 즉 현재를 살아가는 우리의 생각을 가지고 지구의 나이를 논하고 있음은 하나님께 대하여는 적용할 수 없는 상황이라 생각됩니다.

하나님이 천지를 창조하셨다는 그 크고 놀라움과 위대함을 받아드리는 것은 인간들이 증명하려하거나 논쟁을

해야 할 대상이 아니라 하나님의 무한하심을 믿는 믿음입니다. 하나님의 창조물인 인간의 개념으로 인지하고 있는 시간이란 잣대로 지구의 탄생의 숫자를 따져보는 것이 하나님이 보시기에는 가상하게 여겨지실 것으로 생각됩니다.

하나님의 시간과 인간의 시간은 서로 다릅니다. 하나님은 영원하신 존재이므로, 하나님에게는 시간이 없습니다. 하나님은 과거, 현재, 미래를 동시에 함께하십니다. 반면에 인간은 유한한 존재이므로, 시간에 의해 제한됩니다. 인간은 과거, 현재, 미래를 순서대로 지켜 나아갑니다. 하나님의 시간과 인간의 시간의 차이는 성경에서 여러 번 언급됩니다. 예를 들어 이사야서 46장 10절에서는 [**나는 처음부터 말하였고, 예로부터 말하였고, 내 입에서 낸 말씀은 헛되지 아니하고 뒤로 물러가지도 아니하리라**]고 말씀하십니다. 이 말씀은 하나님은 영원하신 존재이시고, 하나님의 시간은 인간의 시간으로서는 도저히 이해할 수 없는 영원한 시간이라고 할 수 있습니다.

창조에서 이어온 시간의 길은 인간인 우리가 생각하는

숫자로 표시된 육천 년 혹은 사십오 억년 등의 숫자로 표시되는 선형적인 시간의 흐름이 아니라 우리 인간 역사의 구원 역사이며 하나님 나라의 완성으로 나아가는 길입니다. 하나님은 인간의 죄로 인해 타락한 세상을 구원하시기 위해 예수 그리스도를 보내셨으며 예수 그리스도는 십자가에서 죽으시고 부활하심으로써 인류의 죄를 용서하시고, 구원의 길을 열어주셨습니다. 따라서 창조에서 이어온 시간의 길은 인간 역사의 구원 역사가 함께 펼쳐지는 길입니다.

영원한 죄 사함의 길

구약시대에 이스라엘 민족들은 하나님의 영원하심과 위대하심을 인정하고 이 땅에서 지은 죄를 사죄하는 제사를 매년 유대력 7월 [티쉬리] 10일 속죄일에 대제사장이 지성소에 들어가 속죄소 위에 염소와 송아지의 피를 뿌려 속죄제를 드렸습니다. 그러나 하나님은 그의 독생자 이신 예수님을 이 땅에 보내시고 그를 스스로 속죄의 제물이 되게 하시사 십자가에서 우리의 죄를 단번에 영원히 [Eternal once] 사하여 주셨습니다. 그리고 죽임을 당하시고 사흘 만에 부활하시어 하나님 우편에 살아계십니다.

이는 하나님이 독생자 예수를 이 땅에 보내시어 매년마다 염소와 송아지의 피로 속죄를 받으려 하나님께 드리는 번거로움을 영원한 한번의 속죄 즉 인간의 원죄를 영원히

구원하신 것입니다. 죄 사함의 길은 이러한 예수 그리스도를 믿는 굳건한 믿음입니다. 예수 그리스도는 하나님의 아들로, 우리를 위해 십자가에서 죽으셨습니다. 그의 죽음으로 우리의 죄가 용서되고, 우리는 하나님과 화목하게 될 수 있습니다.

에베소서 1장 7절에서 [**우리는 그리스도 안에서 그의 은혜의 풍성함을 따라 그의 피로 말미암아 속량 곧 죄 사함을 받았느니라**]고 사도 바울은 하늘에 속한 신령한 복으로 이렇게 기술하고 있습니다. 우리가 죄 사함의 신령한 복을 받으려면 먼저 우리는 지신의 죄를 인정하고 회개하여야 합니다. 우리는 모두 죄를 지었고, 하나님의 거룩하신 기준에 미치지 못하지 만 자신의 죄를 인정하고 하나님께 용서를 구해야 합니다. 그리고 예수님을 따르고 믿으므로 우리를 위해 우리의 죄를 대신하여 십자가에 죽으시고 부활하심을 인정해야 할 것입니다.

우리에게 허락하신 하나님의 큰 은혜가 죄 사함입니다. 우리는 우리의 공로로 죄사함을 받을 수 없습니다. 오직 예수 그리스도를 믿음으로만 죄 사함을 받을 수 있습니다. 영원한 죄 사함의 길 위에서 우리는 하나님과 화목하게 되고, 영생을 얻게 되며 또한 우리는 하나님의 사랑과 평안을 경험하게 될 것입니다.

성경은 예수님을 믿는 것만이 영원한 죄 사함을 받을 수 있는 길이라고 말씀하십니다. 요한복음 3장 16절은 [**하나님이 세상을 이처럼 사랑하사 독생자를 주셨으니 이는 그를 믿는 자마다 멸망하지 않고 영생을 얻게 하려 하심이라**]고 말씀하시고 로마서 3장 22절은 [**이 예수를 믿는 모든 자는 그 이름을 믿은 대로 그에게 의를 얻으리니**]라고 말씀하십니다.

예수님을 믿는 것은 단순히 지적인 이해만을 의미하는 것이 아닙니다. 예수님을 믿는다는 것은 예수님을 자신의 구주로 받아들이고, 그분을 따르는 삶을 사는 것을 의미합니다. 예수님을 믿는 자는 하나님의 자녀가 되고, 하나님의 영이 그 안에 거하시게 됩니다. 영원한 죄 사함을 얻기 위해서는 예수님을 믿고, 그분의 말씀대로 살아가는 것이 중요합니다. 예수님을 믿는다면, 우리의 모든 죄가 용서받고, 하나님과 영원한 생명을 누릴 수 있습니다.

교만에서 벗어나는 길

모든 죄의 시작은 교만에서부터입니다. 교만은 자신의 능력이나 성과를 지나치게 과신하는 태도이며 타인에 대한 배려나 존중을 잃게 만들고, 갈등과 분열을 야기하는 태도를 말합니다. 교만이 나타나면 타인과의 갈등과 분쟁이 생기며, 개인의 성장과 발전을 방해하는 요인이 됩니다. 고린도 전서 5장 5절에서 [**젊은 자들아 이와 같이 장로들에게 순종하고 다 서로 겸손으로 허리를 동이라 하나님은 교만한 자를 대적하시되 겸손한 자들에게는 은혜를 주시느니라**]고 고린도 교인들에게 말씀하십니다. 당시 고린도 교인들 중 교만과 교회에서 장로들의 말을 순종하지 못하는 모습을 사도 바울이 책망하고 있습니다.

우리도 세상을 살아가면서 때로는 교회 안에서마저도

자신을 들어내려 하는 모습을 봅니다. 잠언 16장 18장에서 [**교만은 패망의 선봉이요**…]라 말하며 교만은 하나님이 절대 원하지 않으심을 강조합니다. 성경 속 역사에서도 앗수르, 바벨론 등 큰 제국들이 지금은 보잘것없이 패망하여 역사 속으로 사라졌으며 천년을 전 유럽 및 중동과 북아프리카 일부를 지배한 대로마 제국은 결국 교만으로 그리고 근세의 나치 독일, 일본 제국도 자기들의 힘자랑을 과시하든 교만으로 패망하였습니다. 성경 말씀과 성경에서 교훈하는 역사를 보면서, 자신의 장점을 인정하는 것도 중요하지만, 그것이 다른 사람보다 우월하다는 생각으로 이어져서는 안 됩니다. 내 주위에 사람들의 장점을 인정하는 것이 자신의 단점을 보완하고 성장하는 기회를 제공할 수 있습니다. 무엇보다 내가 겸손한 자세를 가져야 하며 이 겸손한 자세는 교만을 극복하는 가장 효과적인 방법 중 하나라고 여겨집니다.

교만에서 벗어나는 길은 나의 한계를 인정하고, 그것을 받아들일 때 교만에서 벗어날 수 있습니다. 그렇게 될 때 타인의 장점을 인정하게 되고 그들에게 배우려는 자세를 가지게 됩니다. 자신을 과시하지 말며 자신의 능력이나 재능을 과시하는 것보다 자신의 능력을 다른 사람들과 공유하고, 도움이 필요한 사람들에게 베풂을 주어야 합니다. 겸손한 사람들과 어울리며 겸손한 마음을 갖기 위해 노력하며 자신이 다른 사람보다 우월하다는 생각을 버리고, 모든 사람을 존중하는 마음을 가지는 것이 중요합니다.

우리가 잘 아는 고린도 전서 13장 사랑장의 4절에서 [**사랑은 오래 참고 사랑은 온유하며 시기하지 아니하며 사랑은 자랑하지 아니하며 교만하지 아니하며**]라 말하고 있습니다. 사랑의 하나님께서는 우리에게 "인내와 온유 그리고 시기와 자랑은 버리고 마지막으로 교만하지 말라"라고 말하고 계십니다.

죄의 고통에서 벗어나는 길

내가 초등학교에 다닐 시절에는 일년에 두 번 여름방학과 겨울 방학이 시작되기 전날 성적표를 나누어 줍니다. 그 성적표에는 과목별 '수, 우, 미, 양, 가'로 표시된 성적과 그 옆면에 여러 성품에 대한 등급을 '가, 나, 다 등'의 등급으로 표시하는데 나는 준법성이 항상 '가' 등급이었습니다. 즉 선생님 말씀을 잘 듣고 학교에서 지켜야 할 것을 잘 지킬 때 주는 등급이었습니다. 청년이 되고 난 후에도 나는 세상 법규를 잘 지키고 착하게 살아간다면 나는 죄를 짓지 않는 모범 시민일 것이라는 정신으로 살아 왔습니다. 그러나 내안에는 항상 평안보다 불안과 초조가 함께 함을 알았습니다.

죄의 고통에서 벗어나는 길은 단순하지 않으며 죄는 인

간의 내면 깊숙이 자리 잡고 있기 때문에, 단순히 외적인 행동을 고친다고 해서 해결되지 않습니다. 죄의 고통에서 벗어나기 위해서는 내 자신의 내면의 변화를 이루어야 합니다. 죄의 고통에서 벗어나기 위해서는 먼저 자신의 죄를 깨닫고 회개해야 합니다. 죄를 깨닫는 것은 자신의 잘못을 인정하고, 하나님 앞에 부끄러워하는 마음을 갖는 것입니다. 회개는 죄에 대한 책임을 인정하고, 하나님께 용서를 구하는 것입니다.

죄의 고통에서 벗어나는 좋은 길은 하나님께 의지해야 합니다. 하나님은 우리의 죄를 용서하시고, 새롭게 변화시켜 주시는 분이십니다. 하나님께 의지하고, 하나님의 말씀을 따라 살아갈 때 죄의 고통에서 벗어날 수 있습니다. 우리는 찬송가 286장에서 [**죄에서 자유를 얻게 함은 보혈의 능력 주님 보혈** ~]이라 찬양하며 따르고 있습니다. 그리고 사랑을 실천해야 합니다.

사랑은 죄를 이기는 가장 강력한 힘입니다. 마가복은 12장 30절 31절은 [**네 마음을 다하고 목숨을 다하고 뜻을 다하**

고 힘을 다하여 주 너의 하나님을 사랑하라 하신 것이요 둘째는 이것이니 네 이웃을 네 자신과 같이 사랑하라 하신 것이라 이보다 더 큰 계명이 없느니라」고 말씀하십니다. 타인을 사랑하고, 도움이 필요한 사람들을 돕는 것은 죄의 고통에서 벗어나는 길입니다. 사랑을 실천함으로써 우리는 하나님과 이웃을 향한 우리의 마음을 회복할 수 있습니다.

무엇보다도 내가 느낀 것은 죄의 고통에서 벗어나기 위해서는 꾸준한 노력이 필요합니다. 성경을 읽고 묵상 할 때 성경은 우리에게 죄를 깨닫고 회개할 수 있도록 도와줍니다. 그리고 기도제목을 놓고 기도하는 것입니다. 기도는 하나님과 소통하는 가장 좋은 방법입니다. 하나님께 죄를 고백하고, 용서를 구하며, 새롭게 변화되기를 기도할 때 하나님의 역사가 임하게 됩니다.

예수님이 열어주신 길

우리는 창세기 1장에서 말씀하시는 하나님이 온 세상과 우주 및 삼라만상을 지어시고 지구에 살아가는 모든 생물과 인간을 창조하신 것을 믿고 있습니다. 그리고 하나님은 그의 하나뿐인 아들 예수그리스도를 인간이 지은 회복할 수 없는 죄악에서 구원하시려 인간의 몸으로 이 세상에 보내시고 십자가의 고통과 피 흘리심으로 우리 죄를 대속하셨음을 깊이 깨달아 묵상하고 있습니다.

사도 바울이 고린도 교회에 보낸 서신인 고린도후서 5장 17절에서 [**그런즉 누구든지 그리스도 안에 있으면 새로운 피조물이라 이전 것은 지나갔으니 보라 새 것이 되었도다**]라고 기록하신 말씀을 봅니다. 이 말씀은 예수님을 믿고 구원을 받은 사람은 이전의 죄와 부패한 본성에서 벗어나 새로운 피조물이 된다는 것을 의미합니다. 즉 새롭게 변화되는 위대함이 내포되고 있습니다. 이는 단순히 마음가짐의 변화가 아니라, 내면의 본질적인 변화를 의미합니다.

우리가 예수님 안에 있으면 죄에서 벗어남을 얻게 됩니다. 즉 죄의 노예에서 해방되어 하나님의 자녀로서 자유롭게 살아갈 수 있게 됩니다. 또한 하나님과의 관계가 회복되어 죄로 인해 단절되었던 하나님과의 관계가 회복되어 하나님과 교제하며 살아갈 수 있게 됩니다. 새로운 마음과 성품을 갖게 되고 거듭난 새 사람으로서 사랑, 겸손, 인내, 용서 등의 성품을 갖게 됩니다.

이는 예수님이 이 땅에서 당하신 십자가의 고난을 통해 돌아가시고 부활하셔서 우리의 죄를 대속하심으로 말미암아 새로운 생명 즉 새롭게 우리를 만드시고 창조하신 것입니다. 예수님과 창조는 밀접한 관련이 있음을 깨닫게 합니다. 성경은 예수님을 만물을 창조하신 창조주 하나님으로 가르칩니다. 요한복음 1장 3에서 [**만물이 그로 말미**

암아 지은 바 되었으니 지은 것이 하나도 그가 없이는 된 것이 없느니라]고 기록하며 골로새서 1장 16절은 [**만물이 그에게서 창조되되 하늘과 땅에서 보이는 것들과 보이지 않는 것들과 혹은 왕권들이나 주권들이나 통치자들이나 권세들이나 만물이 다 그로 말미암고 그를 위하여 창조되었고**]라고 말씀하고 있습니다.

예수님이 열어주신 길은 창조의 목적을 이루기 위해 이 땅에 오셨습니다. 그 목적은 바로 잃어버린 인간을 구원하고, 하나님 나라를 확장하는 것입니다. 마태복음 28장 18절에서 20절은 [**예수께서 나아와 일러 가라사대 하늘과 땅의 모든 권세를 내게 주셨으니 그러므로 너희는 가서 모든 족속으로 제자를 삼아 아버지와 아들과 성령의 이름으로 세례를 베풀고 내가 너희에게 분부한 모든 것을 가르쳐 지키게 하라 볼지어다 내가 세상 끝날까지 너희와 항상 함께 있으리라 하시니라**] 하셨습니다. 예수님은 창조의 주인이십니다. 그분은 창조의 목적을 이루기 위해 이 땅에 오셨고, 그 목적을 이루기 위해 지금도 우리와 함께하시는 분이십니다.

속사람이 향하는 길

고대부터 인류에게 교통수단이 발달하지 않아 오직 도보로 동방에서 서방으로 오가며 상호 물품을 교류하던 시대에 이용하든 길인 실크로드는 중국의 대표적인 상품인 비단에서 나온 말입니다. 중국에서는 비단과 도자기 등의 고급 제품이 그리고 서방으로부터는 보석, 옥을 포함하여 화려한 의류와 직물 등이 동방으로 전해지고 불교, 이슬람교 등의 종교도 전해 내려오는 데에 이용되었습니다.

이렇게 대륙의 동쪽 끝에서 서쪽 지역으로 목숨을 건 멀고도 험한 길을 오가며 무역상들이 다녔든 목적은 단지 돈을 벌기 위한 것이었습니다. 서로 다른 두 지역에서 문화와 의식은 다를지라도 부유한 고위층들이 사치하고 자기들의 지위를 과시하여 일반 백성들이 그 외모를 통하여

고개 숙이고 그들을 칭송하며 따르도록 만들기 위한 공통점을 가지고 있습니다.

인간과 동물의 큰 차이점 중 하나는 인간은 옷을 입는 것입니다. 옷은 본인들의 맨몸을 가리고 바람과 추위를 막고 외부로부터 오는 자연적 위함 요소도 어느 정도 보호받고 있습니다. 반면 동물은 대개 몸에 난 털로 추위와 외부로부터 오는 보호막으로 이용하고 있습니다. 앞에서 말한 것처럼 동물과 달리 인간은 옷으로 차별을 나타내려 합니다. 왕이나 높은 지위를 가진 고관들은 비단이나 값비싼 옷감에 색깔과 무늬를 입혀 만든 옷과 그 옷에 부착되는 장식을 통하여 그들의 지위를 나타냅니다.

성경에서는 사람이나 동물이나 모두 하나님의 피조물이며 창조 당시 아담과 이브는 옷에 대한 느낌이나 불편함을 인지하지 못하였습니다. 그러나 선악과의 죄를 지어며 부끄러움을 느끼고 하나님이 그들에게 동물의 껍질로 옷을 지어 가린 것을 우리는 잘 알고 있습니다. 이에 비추어 보면 옷은 인간의 타락에서 시작된 것으로 여겨집니다. 옷은 인간의 타락으로 인해 생겨난 것이지만, 인간의 삶에 많은 이점을 주었습니다. 이처럼 인간에 의해 생겨난 옷은 인간의 몸을 가리고 인간의 겉모양을 만들지만 그 옷 안의 성품이나 내면을 만들거나 치장할 수는 없습니다.

우리는 내면의 아름다움과 성장을 위해서는 예수님이 가르쳐 주신 대로 구원을 받아 내 안에 예수님의 말씀, 가르침 그리고 그분이 우리에게 어떻게 관계하시는지를 알아야 할 것입니다. 우리는 우리의 죄를 하나님 앞에 고백하고, 용서를 구해야 합니다. 예수님께서는 우리 죄를 위해 십자가에 돌아가셨고, 그분의 피로 우리는 용서를 받았습니다. 우리는 예수님은 우리의 구주시요 주님이심을 확신하며 하나님과 이웃을 사랑해야 합니다. 예수님께서는 우리에게 사랑하라고 명령하셨습니다. 이 명령 따라 살아갈 때 우리의 속사람은 더욱더 커가고 아름다워질 것임을 확신합니다.

복 있는 사람이 가는 길

옛날 우리의 어머니들은 집안에 어려움이 생기거나 자녀를 임신하거나할 때면 아침 일찍 해뜨기 전에 깨끗이 목욕재계하고 집 안의 장독대 위에 깨끗한 물인 정화수를 놓아두고 천지신명과 삼신할머니께 기도하며 어려움이 물러가고 태어날 아기의 복을 빌었습니다. 이렇게 사람들은 누구나 평안과 복을 누리기를 간절히 원하고 있습니다. 복이란 무엇일까요? 우리는 흔히 복이란 걱정 없고 재정적으로 부유하거나 큰 명예를 가짐은 물론, 건강하거나 과거에는 자녀들을 풍성히 많이 낳으면 "와~ 그 집은 참 복이 많은 집이다"라고 모두들 부러워합니다.

그러나 우리는 주위에서 한때에 재정적으로 부유했든 집이 파산한 경우를 흔히 접하며 정부에서나 어느 회사의 고위직의 명예를 가지신 분들도 그 직책이 몇 년 되지 않아 그 자리에서 내려오는 현장을 보게 됩니다. 가장 안타까운 예이지만, 최근 몇 년 동안 최고의 명예라 생각되는 대통령직을 지내신 분들이 여러 의혹에 연계되어 고령의 나이에 구속되어 교도소에 가는 것을 보며 정말 인생무상이라 말하게 됩니다.

과연 복 있는 사람이 가는 길은 어떤 길일까요? 복 있는 사람에 대한 성경에서의 언급은 구약에서 시편 1편과 신약에서는 예수님의 산상수훈에서 말씀하신 팔복에 대한 말씀이 대표적일 것입니다. 시편 1편 1에서 2절은 [**복 있는 사람은 악인들의 꾀를 따르지 아니하며 죄인들의 길에 서지 아니하며 오만한 자들의 자리에 앉지 아니하고 오직 여호와의 율법을 즐거워하여 그의 율법을 주야로 묵상하는도다**]라고 말씀하십니다. 즉 복 있는 사람은 그릇되고 온전하지 않은 사람들을 따라 가지 않으며 죄인들이나 오만한 자들의 길에 서지 않고 오직 하나님의 말씀을 좇아 따르는 사람이라 기록하고 있습니다. 예수님이 가르쳐 주신 산상수훈의 팔복에 대한 마태복음 5장을 요약해 보면 복이 있는 사람은 심령 즉 영이 가난한 사람, 애통하고 슬퍼 할 줄 아는 사람, 온유한 사람, 정의를 추구하는 사람, 불쌍히 여길 줄 아는 사람, 깨끗한 마음을 가진 사람, 평화를 추구는 사람, 정의를 고수하므로 박해를 받는 사람 이러한 분들이 복을 받는다고 가르치십니다.

이렇게 성경에서 말하는 복 있는 사람은 세상에서 추구하는 돈이나 명예와 같은 일시적 즐거움과는 매우 차이가 있음을 알게 됩니다. 양자를 비교하여 보면 성경이 말하는 복 있는 사람이 가는 길은 쉽지 않습니다. 세상은 악과 죄로 가득 차 있기 때문입니다. 하지만 복 있는 사람이 가는 길은 분명히 있습니다. 그것은 하나님을 믿고 의지하는 길입니다. 하나님을 믿고 의지하는 사람은 악과 죄의 유혹을 이길 수 있습니다. 하나님을 믿고 의지하는 사람은 타인과의 관계도 건강하게 할 수 있습니다. 하나님을 믿고 의지하며 참된 복을 누리는 그 길을 가려합니다.

찬양과 함께하는 길

흔히 우리 민족을 흥이 많고 가무를 즐기는 민족이라 일컫고 있습니다. 내가 어릴 때 나의 어머니는 집안일을 하시며 가끔 작은 목소리로 그 당시 유행하든 가요를 부르시는 모습 보며 내가 흥이 나고 즐거웠든 일이 생각납니다. 내가 대전으로 이사를 온 후부터 다니기 시작한 교회에서 지금껏 성가대에서 봉사를 하고 있습니다. 예배 때마다 하나님께 찬양을 올려 드리지만 늘 마음에 감동과 기쁨이 충만 하곤 합니다. 뿐만 아니라 찬양을 통해 하나님을 경배하며 나의 영성이 점점 더 쌓여 감을 느낍니다.

찬양은 하나님을 경배하고 감사하는 행위입니다. 찬양을 통해 우리는 하나님을 만나고, 하나님과 교제하며, 하나님께서 주시는 평안과 위로를 얻을 수 있습니다. 나의 찬양과 함께한 길은 하나님과 함께한 길이라고 할 수 있습니다. 찬양은 우리의 삶을 하나님과 연결시켜 줍니다. 찬양을 통해 우리는 하나님께 우리의 삶을 맡기고, 하나님께서 우리를 인도해 주실 것을 믿게 됩니다. 성경의 시편 11편에서는 [**너희 모든 나라들아 여호와를 찬양하며 너희 모든 백성들아 그를 찬송할지어다. 우리에게 향하신 여호와의 인자하심이 크시고 여호와의 진실하심이 영원함이로다 할렐루야**]라고 말씀하십니다.

출처는 분명하지 않아 밝히기는 어렵습니다 만 제가 들은 이야기로는 한 여성은 교통사고로 두 다리를 잃어 절망에 빠졌지만 찬양을 통해 하나님을 만나고 새로운 삶을 시작했다고 합니다. 그녀는 휠체어를 타고 찬양단에 합류하여, 자신의 삶을 통해 다른 사람들에게 희망을 전하며 살아갔다고 합니다. 또 다른 한 남성은 사업에 실패하고 빚더미에 앉아 자살을 생각했지만 찬양을 통해 하나님께 용서를 구하고 새로운 시작을 다짐했다 합니다. 그는 찬양을 통해 삶의 의미를 찾았고, 그 후 성공한 사업가로 살았다고 합니다.

찬양과 함께한 길은 기쁨과 감사의 길입니다. 찬양을 통해 우리는 하나님께서 우리에게 주신 모든 축복을 기억하고, 감사의 마음을 표현할 수 있습니다. 찬양은 우리에게 기쁨과 감사의 감정을 불러일으키며, 우리 삶을 더욱 풍요롭게 만들어 줍니다. 이처럼 찬양은 우리에게 큰 힘과 위로를 주는 선물입니다. 찬양과 함께 한 길은 기쁨과 소망과 위로와 회복의 길입니다. 찬양을 통해 우리도 하나님과 함께 영원한 생명의 길을 걸어가길 소망합니다.

진리의 가치를 찾아가는 길

세상을 살아가면서 우리는 흔히 "현재의 상황을 직시하라는"는 말을 자주 듣곤 합니다. 세상 속 현재 상황에는 거짓과 진실 그리고 변치 않는 진리가 함께 뒤 섞여 서로가 드러나기도 하고 감춰져 있어 혼란하기도 합니다. 진실이라 믿는 것들이 거짓으로 밝혀지면 우리 안에는 큰 분노와 공허가 나타나기도 합니다. 그 대표적이 것이 요즈음 아무도 그 가치와 진실을 규제하지 않고 쏟아지는 '너 튜브'라고 말하는 사람을 혼동하게 하는 SNS와 '가짜 뉴스'라는 단어로 세상을 어지럽히는 매개체들이 있습니다.

사람들이 세상에 살아가며 추구하는 것에는 권력이나 명예 그리고 돈과 같이 구체적인 가치와 사랑과 평화와 희망과 같이 추상적인 궁극적인 가치로 대별 할 수 있다. 그러나 이들 중 결국 최종적으로 우리에게 더 소중한 것은 궁극적인 가치임을 알게 됩니다. 이 궁극적인 가치를 얻기 위해서는 세상 속에서 살아갈 때 진리를 올바르게 알고 따라가야 할 것입니다.

진리는 인간의 삶에 있어 가장 중요한 가치 중 하나입니다. 진리는 세상을 올바르게 이해하고, 올바른 판단을 내리고, 올바른 삶을 살아가는 데 필수적인 기준이 됩니다. 진리의 가치를 찾아가는 길은 쉽지 않습니다. 진리는 절대적이고, 보편적이어야 하지만, 우리의 현실은 상대적이고, 특수적입니다. 따라서 진리를 찾아가는 과정에서는 다양한 관점과 시각을 고려하고, 열린 마음으로 세상을 바라보는 것이 중요합니다.

그러기 위해서는 넓은 시야를 가져야할 것입니다. 진리는 세상의 모든 것을 아우르는 것입니다. 따라서 다양한 분야의 지식을 쌓고, 다양한 경험을 통해 세상을 이해하는 것이 중요합니다. 그리고 비판적 사고력도 키워야 합니다. 진리는 절대적이고, 보편적이어야 하지만, 그것을 표현하는 방식은 상대적일 수 있습니다. 따라서 다양한 주장을 듣고, 비판적 사고력을 통해 진리를 찾아가는 것이 중요합니다. 마지막으로 열린 마음으로 세상을 바라보아야 합니다. 진리는 우리 자신의 생각과 경험에 갇혀서는 찾을 수 없습니다. 따라서 열린 마음으로 세상을 바라보고, 다양한 관점과 시각을 수용하는 것이 중요합니다.

진리의 가치를 찾아가는 것은 우리가 평생 걸어가는 여정입니다. 그러나 진리를 추구하는 과정에서 우리는 세상을 더 깊이 이해하고, 삶의 의미를 발견하게 될 것입니다. 요한복음 17장 16, 17절에서 예수님이 답하시기 전 기도하시는 내용 중에 [**내가 세상에 속하지 아니함 같이 그들도 세상에 속하지 아니하였사옵나이다. 그들을 진리로 거룩하게 하옵소서 아버지의 말씀은 진리니이다**]라고 말씀하십니다. 우리가 진리의 가치를 찾아가는 데 도움이 될 수 있는 가장 소중한 것은 하나님의 말씀, 예수님 말씀을 알아 세상을 이기는 힘을 얻게 하는 것입니다. 진리의 가치를 찾아가는 길은 쉽지 않지만, 말씀 안에서 우리가 성장하고, 성숙해질 수 있습니다. 진리의 가치를 찾아가는 여정에 동참하신다면, 분명히 그 가치를 발견하게 될 것입니다.

2

하나님이 인도하신 길

내가 걸어 온 길

구약성경의 출애굽기에는 모세가 드디어 애굽의 바로 왕으로부터 해방되어 이스라엘 민족을 이끌고 애굽 땅을 떠나는 장면이 기록되어 있습니다. 그때만 해도 그들은 400년 동안 에굽 땅의 종살이에서 자유인으로 해방되는 기쁨과 희망을 품고 출발하였을 것입니다. 이 무리들은 애굽 땅을 뒤로 하고 하나님이 행하신 기적과 인도함으로 홍해를 건너게 됩니다. 그러나 무사하게 홍해를 건넌 후 그 기쁨도 잠시 동쪽으로의 광야 길에 들어서면서 물이 없어 고통과 불평을 호소하게 되면서 시내산에 도착합니다. 이 시내산에서 이 민족은 애굽을 나올 때의 희열과 하나님의 은혜도 잊은 체 황금송아지의 우상을 만드는 무례함을 행하게 됩니다. 그러나 모세의 기도와 하나님의 자비하심으로 그들은 하나님이 주시는 열 가지 계명과 하나님이 그들과 함께하시는 언약궤를 만들고 구름기둥과 불기둥으로 약속의 땅 가나안으로 향한 인도함을 얻게 됩니다.

그러나 하나님께서는 이스라엘 민족을 40년간을 광야 생활을 지나게 하시며 훈련시키시고, 애굽에서 오랫동안 종살이로 길든 노예근성과 하나님이 보시기에 좋지 않은 모습들을 고치게 하십니다. 그 후 마침내 그들은 여호수와와 함께 약속의 땅, 젖과 꿀이 흐르는 가나안 땅에 입성하게 됩니다. 이렇게 이스라엘 민족을 인도하신 하나님을 묵상하며 내가 살아온 길을 돌아봅니다.

나는 한국전쟁이 발생하기 직전인 지금부터 74년 전 3월에 대구에서 3남 2녀 중 차남으로 불교를 믿는 중산층 가정에서 태어났습니다. 어린 시절에는 한국전쟁 후 온 나라가 어려운 시절임에도 불구하고 저의 아버지가 그 당시 고위 공무원으로 재직하셔서 비교적 경제적으로 어려움 없이 자랐습니다.

내가 고등학교 3학년 때인 56년 전 우리나라에는 홍콩 독감이라고 불린 독감이 크게 유행하였습니다. 인플루엔자 A형으로 알려진 홍콩발 인플루엔자는 그 다음 해까지 세계적으로 1백만 명 이상의 사망자를 초래한 독감이었습니다. 대학진학 시험을 앞둔 나에게도 이 독감으로 인한 큰 시련이 닥쳤으니 심한 열과 무기력함이 열심히 공부하여야 할 나를 아무것도 할 수 없게 하며 병마에 시달려야 했습니다. 내가 고3일 때의 학생들은 그 이전에 있었든 대학진학 예비고사가 부활하며 '대학입학예비고사'라는 이름의 제 1기생들입니다.

나는 이 독감과 그에 따른 합병증으로 더 큰 병이 엄습하였고 이로 인해 대학 진학에 큰 어려움을 겪었습니다. 그때부터 4년이 나의 생애에서 가장 암울한 시기였습니다. 지금도 어느 모임에서 각자 인생에서 최악의 시기를 말하라 하면 주저 없이 고3에서 대학진학 때까지의 4년이라고 말하곤 합니다. 사실 나는 고등학생 때에 의과 대학에 가서 의사가 되기를 원했습니다. 그러나 독감으로 임한 합병증 여파로 서울에 위치한 소위 일류라는 의과대학

입학시험에서 필기시험에는 합격하였으나 신체검사에서 불합격 판정을 받으므로 그 뜻을 이루지 못했습니다. 그 후 나는 요양 생활을 하며 간간히 대학입학 시험공부도 같이 하였습니다.

고등학교를 졸업하고 3년이 되는 해 나는 경북대학교 의예과에 응시하였으나 입학시험에서 2지망으로 기재한 (사실 나는 2지망을 지원하였는지도 몰랐음) 자연과학대학교 지질학과 합격자 명단에 나의 이름이 있었고 내가 원하지도 않았든 지질학을 전공으로 하는 길로 가게 되었습니다. 그런데도 나는 학부를 거쳐 연달아 대학원 지질학과 석사과정에 진학하게 되었습니다. 대학원 2년차 석사 논문 통과를 몇 달 앞둔 나는 대학원 학생 신분으로 내가 고등학교를 졸업 후 재수를 하면서 만난 현재 나의 아내와 약혼식을 올렸고, 다음해 3월 14일 많은 분의 축복을 받으며 결혼식을 올리게 되었습니다.

아내와의 결혼은 나의 인생에서 정말 큰 변화를 안겨준 계기가 되었습니다. 결혼 후 나는 석사과정에서 졸업 논문을 준비하고 아내는 경북 안동시 부근 시골의 한 중학교에서 음악 선생님으로 발령을 받아 주말 부부로 지냈습니다. 결혼 후 우리 부부에게 하나님께서 첫 딸을 주셨습니다. 아내도 아이의 출산 휴가를 끝내며 교직 생활을 마감하였습니다.

그 후 나도 석사학위를 수여 받았고 나의 생애 처음 직장인 대한광업진흥공사에 입사하게 되었습니다. 이때 우리 부부는 서울 금천구 시흥동 한 단독주택을 부모님의 도움으로 소유하게 되고 서울 생활이 시작되었습니다. 광업진흥공사에서 6개월을 근무할 무렵 한국지질자원연구원 지질연구부에서 신입연구원을 모집한다는 공고를 보고 입사 시험을 거쳐 그곳으로 직장을 옮겼습니다. 짧은 광업진흥공사의 근무를 마감하고 한국지질자원연구원에서 연구원으로 근무하면서부터 나는 그간에 없었든 나의 자존감이 살아났습니다.

지질자원연구소에서 나는 지질연구부의 업무 중 남한의 지질도를 조사 연구하는 부서에서 연구를 시작하였습니다. 지질도는 국토를 가진 어느 나라나 국토의 개발 및 지하자원 탐사 등 여러 용도로 사용하기 위해 작성하는 지도입니다.

우리나라도 일제 강점기 이 후부터 꾸준히 정해진 지역의 지형도 위에 그 곳에 분포하는 암석의 종류별로 그 분포도를 조사하고 그들 암석이 가지는 여러 가지 지질학적 특성을 알아 기재하며, 암석 상호 간의 관계 및 암석의 생성 년대 등의 지질 정보를 기록하는 것입니다. 그러기 위해서는 조사지역의 산과 들을 두루 다니는 야외조사를 통해 모든 지질자료를 얻어야 하는 작업이 필수입니다. 이를 위해 나는 한달에 반 이상을 출장을 다녀야 했습니다.

그렇기 때문에 애기가 있는 젊은 부부가 단독 주택의 주인으로 살면서 그 당시 자가용을 소유한 분들이 많지 않았든 시기에 한 달에 한두 번 아침 일찍 운전수가 까만 찦차를 가지고 와서 나를 태워 며칠 동안을 어딘가 갔다가 돌아오는 모습을 이웃들이 목격하게 되었습니다. 이 모습들을 이웃들이 수상히 여기며 이집의 안주인은 아마 어느 부자집 아들의 또 다른 부인으로 남편이 한달에 한번 정도 가끔씩 들르는 것이라는 소문이 나기 시작 했습니다. 그러나 우리 큰 애가 앞집에 친구가 있어 앞집에서 그런 것이 아니고 남편이 출장이 잦은 직업이라는 것을 알리면서 오해가 풀렸습니다. 그렇게 우리 식구는 단독 주택에서 8년을 살다가 가락동에 위치한 H건설사에서 새로 분양하는 아파트에 당첨되면서 아파트 생활을 시작하게 되었으며 지금까지도 아파트에서 살고 있습니다.

이렇게 연구원에서 일하면서 수년을 지질조사를 수행하기 위하여 출장을 다니며 지내든 42년 전 어느 날 그 당시만 해도 해외에 나가는 것이 흔하지 않은 때였지만 나에게 약 7개월간 뉴질랜드 지질조사소에 연수를 가는 기회도 얻게 되었습니다. 혼자서 뉴질랜드로 가서 연수를 마치고 귀국하면서 그때부터 나의 마음 안에서 주일날 교회에 가는 것이 필요하다는 것을 스스로 느껴지면서 하나님은 누구시며, 예수님이 행하심을 알고자 하는 호기심이 들게 되었습니다.

귀국 후 나는 어느 주일날 아침에 아내와 자녀들을 데리고 집에서 가까운 교회를 스스로 찾아갔습니다. 목사님의 설교 말씀이 가슴에 와 닿았고 찬양이 너무 감미롭고 은혜로웠습니다. 이때를 같이하며 처가 쪽의 바로 위 동서가 목사 안수를 받아 목회를 하셨고 처형도 교회를 섬기며 기도원을 운영하고 계셨습니다.

이제 주일마다 교회를 찾아 하나님 전에 예배를 드림이 은혜롭게 느껴질 무렵, 연구원에서 업무를 수행하든 중 하루는 선배님이 프랑스에서 지질학자들이 여러 명 한국을 방문하는데 나에게 그들을 수행하고 안내해보라고 하셨습니다. 그것이 인연이 되어 나는 39년 전에 프랑스 정부 장학생으로 발탁되어 오를레앙대학교의 박사학위 과정에 입학하게 되었습니다.

프랑스로 유학을 가기 전 나에게는 두 곳에서 박사학위 과정으로 공부를 할 수 있다는 제의가 있었습니다. 한곳은 영국의 리즈대학이었고 다른 하나는 위에서 말한 프랑스에서 받은 허락입니다. 두 곳 모두 장단점이 있어 어느 길이 나에게 적합한지를 생각하면서 하나님께 기도 하고 있었습니다. 프랑스는 우선 내가 프랑스어를 배운 적이 없어 언어 소통에 문제가 있을 것이요 그때 이미 나는 두 딸의 아버지가 되어 있었고 큰 애는 초등학교에 입학한 상태라 외국 생활이 어떨까 걱정이 한두 가지가 아니었습니다.

기도를 하면서 결정하지는 못하고 있었으나 먼저 프랑스어를 배우려고 퇴근 후 저녁에 프랑스 문화원 어학공부 과정에 등록하였습니다. 프랑스어 강의를 듣고 집으로 돌아오는 버스 탄 어느 날 버스 맨 뒤에 빈자리가 있어 그 자리에 앉았는데 갑자기 뒤에서 "병주야, 무엇이 두려우냐? 내가하는 일에 네가 왜 염려하느냐"라는 강하고 큰 음성이 들렸습니다. 나는 뒤에 누군가가 있는 줄 알고 뒤를 돌아보니 버스 제일 뒷자리라 뒤에 누가 있을 리가 없었습니다. 어리둥절하여 그 자리에 있는데 또다시 같은 소리가 내 귀에 들려왔습니다. 나는 바로 하나님이 나에게 하시는 말씀이라는 것을 알아차리고 그때부터 프랑스로 가기로 마음을 먹고 찬찬히 준비하기 시작 했습니다.

이렇게 나의 프랑스 유학의 길이 시작되었습니다. 프랑스에 가게 된 첫해는 나만 먼저 프랑스 정부에서 배정해 준 노르망디 지방의 '깡'이라는 도시에서 6개월간 어학연수를 받았으며 그해 9월 대학교의 학기가 시작되면서 빠리에서 남쪽으로 약 100여 km 떨어진 오를레앙시에 위치한 오를레앙대학교에서 박사학위 과정에 입학하였습니다. 학교가 정해지면서 그해 가을에는 저의 아내와 두 딸도 함께 프랑스에서 합류하게 되었습니다.

함께 프랑스에 온 우리 식구는 각각 애들은 초등학교에 3학년과 1학년에 입학하고 나는 대학원 박사과정 연구실에서 공부하였습니다. 나의 박사학위 논문의 주제는 내가 살던 오를레앙에서 남쪽으로 약 700km 떨어진 남 프랑스 몽뻴리에 시의 북서쪽에 있는 땅속 지반의 지질구조를 밝히는 것이었습니다. 그 목적을 달성하기 위해서는 먼저 논문 지역의 야외 지질조사가 선행되어야 했습니다.

프랑스 유학 시절 파리 퐁피두 센터에서

오를레앙시에 흐르는 르와르 강변에서

지질조사를 위해 우리 식구는 프랑스에 온 다음해 봄, 애들의 초등학교 부활절 방학이 시작되면서 같이 남프랑스의 작은 시골 마을에 있는 콘도를 얻어 그곳에 생활하였습니다. 그리고 나는 그 주위에서 지질조사를 하고 아이들과 아내는 자연을 즐기거나 때로는 나와 함께 지질조사에 따라 다니며 지냈습니다. 방학이 끝날 무렵 우리 식구는 차를 몰아 피레네산맥 쪽에 위치한 유명한 카톨릭 성지인 루르드(Lourdes)를 방문하였습니다.

루르드를 방문하기 전부터 아내는 주부 습진으로 저녁에 자기 전 손에 약을 바르고 장갑을 끼고 자기도 하며 불편한 상태였습니다. 루르드에서 우리는 성모 마리아가 발현했다는 동굴에서 기도하고 그곳의 성수라는 샘물에 손을 씻고 마시기도 했습니다. 그리고 그곳에서 약간 떨어진 언덕 위에 있는 성당 안으로 들어갔습니다. 우리가 방문했을 때 교회 안은 마침 관광객들이 많지 않았으며 조용한 상태였습니다. 나는 성당의 맨 뒷자리에 앉아 두손 모아 기도를 시작했습니다. 기도 중에 성당의 천정 쪽을 통해 하늘에서 붉은 불꽃이 나를 향해 내려와 나를 덮치는 것을 느꼈습니다. 나는 온몸이 뜨거워지는 것 같았고 잠시 기도를 멈추고 머뭇거렸습니다. 나중에 아내와의 대화중에 아내가 그것은 성령님이 주시는 성령의 불이라고 말하였습니다.

루르드를 둘러 본 우리는 피레네 산맥을 넘어 앙도라를 거쳐 스페인 국경을 넘어 갔습니다. 그 후 아내의 주부 습진도 언제 그랬느냐는 듯 정말 씻은 듯이 나았으며 현재까지도 그런 증세는 전혀 없이 지내고 있습니다. 그 후 약 4년간의 프랑스 생활 동안 나는 아내와 두 딸과 함께 주일날 내가 거주 했든 오를레앙시 중심가에 있는 개신교의 교회에 출석하며 늘 하나님께 외국 생활의 불안함과 안전

루르드의 성모 발현 동굴

루르드 성당 배경으로 둘째와 함께

그리고 나의 박사학위논문을 위해 기도하는 습관이 들게 되었습니다. 그렇게 외국에서의 생활을 하면서 늘 빨리 부모님과 친구가 있는 고국으로 돌아가야지 하는 바람으로 생활하든 1988년 말 드디어 이학박사 학위를 수여 받고 88올림픽의 마지막 폐회식이 열리는 바로 그날 우리 식구는 인천국제 공항을 통해 서울의 집으로 돌아왔습니다.

귀국 후 다음 해 12월 서울 구로구 가리봉동에 있었든 한국지질자원연구원이 대전에 있는 연구단지 내 넓고 큰 부지 위에 새 건물로 이전하였습니다. 나도 대전으로 식구들과 함께 옮겨 오면서 대전의 생활이 시작되었습니다. 사실 나는 대전의 삶이 시작과 함께 나의 믿음도 더 성장하게 되는 계기가 되었습니다.

대전으로 옮겨 와 처음 우리 식구가 정착한 곳은 유성구 도룡동의 타운하우스였고 가까이에 있는 대덕교회에 등록하였습니다. 그곳에서 2년을 거주하고 유성구 어은동에 있는 한빛아파트가 준공되면서 우리 식구는 이곳으로 입주하게 되었습니다. 그에 따라 우리 가족은 대덕교회의 목사님에게 허락을 받아 아파트 가까이에 신축 중인 대덕한빛교회로 이전 등록 하였습니다.

본 교회에서 나는 그전부터 원했든 성가대에서 봉사하였고 주일마다 예배 중 하나님을 찬양함이 너무 즐거웠으며 점점 더 하나님 가까이로 나아갔습니다. 이 교회를 출석하며 26년 전 나는 교회에서 하나님이 나에게 주신 직분이라 여기는 시무장로로 장립하였습니다. 17년간을 시무장로로 섬겨온 나는 나이가 들어감에 따라 교회의 헌법에서 보장된 70세 나이보다 5년 일찍은 만 65세의 나이로 시무장로 직분은 내려놓았으며 현재는 은퇴 장로로 우리교회를 섬기고 있습니다.

시무장로로 취임하는 날 대전서노회에서 준 장로 장립 패

나의 생애에서 하나님이 우리 부부에게 주신 가장 큰 선물은 우리에게 두 명의 딸들을 주신 것이라 여겨집니다. 첫째 딸은 우리 부부가 결혼한 그해 마지막 12월 가장 추운 겨울에 태어났으며 둘째는 2년의 터울을 두고 11월에 세상으로 인도해 주셨습니다. 더욱 감사한 것은 두 딸 모

두 정말 저희 부부에게 큰 걱정을 끼치지 않고 잘 자라준 것입니다. 어릴 때는 프랑스에서 3년간을 초등학교에서 공부했고 대전으로 이사와 연구단지에 위치한 중학교 고등학교를 거쳐 큰 애는 숙명여대 불문학과를 작은 애는 KAIST 화학과를 입학하여 공부하였습니다.

두 딸의 결혼 과정도 우리교회 권사님들의 모임에서 혼기에 찬 자녀들의 결혼에 대한 대화 중 그 당시는 철도청장에 재임 중이셨고 후에 우리나라 국토해양부 장관을 지내신 분의 부인 권사님과 저의 아내에게 옆에 계신 또 다른 권사님께서 두 분이 사돈이 되면 좋겠다는 권고가 있었습니다. 그래서 숙명여대에서 불문학과 석과 과정에서 공부하든 큰딸이 그 댁의 둘째 며느리가 되었습니다.

우리 교회는 KAIST와 서로 담을 사이에 두고 있으며 KAIST 서쪽 쪽문이 교회 문과 마주하고 있어 청년부에는 KAIST 학생들이 주를 이루고 있습니다. 저의 둘째 딸은 KAIST에서 학부 과정을 거쳐 대학원에서 재학 중이었고 교회 청년부 회계로 봉사하고 있었습니다. 진주 실크단지에서 큰 실크 제직 공장을 운영하시며 진주 칠암교회 장로님이신 아버지를 둔 교회 청년과 청년부에서 서로 만나 소위 캠프스 커플로 사귀다가 결혼을 하게 되었습니다. 결혼도 일찍 각자의 짝을 찾아 지금은 각각 2명씩의 자녀를 두어 우리 부부에게 귀엽고 사랑스러운 손자 손녀를 선물하였습니다. 이렇게 자녀들이 행복하게 서로를 위하고 사랑하며 살아가는 모습을 보며 하나님이 우리 부부에게 주신 가장 큰 은혜의 선물이라 늘 감사하고 있습니다.

나의 전공이 지질학임에 따라 나는 지질조사를 위해 우리나라 곳곳의 산과 들을 두루 다녔습니다. 뿐만 아니라 나는 프랑스를 비롯한 해외 다른 국가에도 지질조사와 국제 학회 참석 그리고 성지순례 등으로 여러 곳을 다녔습니다. 지질학 전공자들의 성지로 여기는 알프스, 히말라야, 피레네, 그랜드케년을 비롯하여 브라질의 리오데자네이로와 이구아수 폭포 등을 답사하였으며 기독교 성지순례로 이스라엘, 요르단, 튀르키예, 그리스 등 예수님의 흔적과 사도 바울이 밟았던 길도 따라가 보았습니다. 내가 방문한 여러 나라 중에서 1990년대 초에 방문한 소비에트연방(구 쏘련)과 2007년 방문한 북한의 평양에 대해 내가 느끼고 하나님이 나에게 주신 말씀을 기록해 보기로 하겠습니다.

제가 프랑스에서 공부를 마치고 귀국한 3년 후 구 쏘련이 붕괴 직전인 1990년대 초 고르바쵸프 대통령이 개혁개방을 표명한 페레스트로이카 정책이 활발하든 그때 동서로 긴 쏘련의 중부 바이칼 호수에 위치한 우란우데 시에서 국제학회가 개최되었으면 한국의 지질학자 몇 명이 그 학회에 초대를 받았습니다. 그 당시는 우리나라가 쏘련과 국교가 수립이 되지 않아 대사관도 없었습니다. 그래서 대사관이 있는 일본에 가서 비자를 받아 먼저 일본 니가타 국제공항에서 하바롭스크 까지 비행기로 갔습니다. 하바롭스크에서 안내하시는 분도 만나고 우리 일행은 다음날 출발하는 시베리아 횡단 열차를 타기위해 호텔로 갔습니다. 호텔에 도착하니 김일성 뺏찌를 단 북한 사람들이 많이 모여 있었습니다. 나중에 알았는데 이들은 북한에서 온 시베리아 벌목공들이었습니다. 우리 일행은 그들에게 다가가 "안녕하세요. 저희들은 서울에서 왔습니다"라고 했더니 몇몇은 안색이 변하며 피하기도 하고 어떤 이가 "남조선 동무 임수정이를 아오…" 하며 임수정이가 평양에서 영웅 대접을 받았다고 하며 말 하였습니다.

다음날 우리는 하바롭스크에서 울란우데까지 시베리아 횡단 열차의 침대칸에서 2박3일 약 55시간 넘게 달려갔습니다. 기차 안 식당 칸에서 식사를 하고 가는 도중 큰 도시의 기차역에서 쉬면서 간식도 싸서 먹으면서 바리칼호수가 보이는 목적지에 도착하였습니다. 5일간의 논문발표와 야외 지질답사의 일정과 함께 바이칼 호수주위와 시베리아의 지질상황과 함께 바이칼호수에서 산다는 [오무르]라는 생선 구이와 수프도 먹어 보았습니다. 학회가 개최된 울란우데는 쏘련의 브리아티아공화국 수도로 시내를 활보하는 주민들의 모습이 우리나라의 이웃집 아저씨 아주머니의 모습과 꼭 같았습니다. 즉 언어만이 다를 뿐이지 우리의 모습 그대로였습니다. 너무나 신기하게 생각이 들며 우리의 조상이 여기서 왔으리라 여겼습니다.

나는 쏘련 땅 극동 지역 하바롭스크에서 태어나 처음으로 북한에서 오신 분들도 만나고 꿈에 그리든 시베리아 횡단 열차를 타고 시베리아 벌판을 달려가면서 하나님께 기도 드렸습니다. "하나님 이곳 쏘련 땅에도 하나님의 사랑으로 복음이 모든 주민 한분 한분에게 전해지는 역사가 일어나게 하여 주시옵소서, 예스님의 이름으로 기도 드립니다"라고. 그리고 다음해인 1991년 8월 쏘련 즉 소비에트 연방은 그 당시 옐친 대통령과 우크라이나 및 벨라루스 대통령들이 한자리에 모여 소비에트 사회주의 연방은 더 이상 존속하지 않는다는 합의 후 붕괴의 길로 걸어가게 되었습니다.

시베리아 황단 열차 간이역에서 열차 안내원과 참석한 한국 학자들과 함께

바이칼 호수 변에서 조약돌이 어떤 암석인지를 관찰 하면서

2004년부터 나는 과학기술부에서 발주한 남북한 과제의 일환으로 남북한을 망라하는 1/100만 축척의 한반도 지질도작성을 위한 과제를 수주하였습니다. 그 몇 년 전부터 중국학자들과 동아시아 지층 대비 및 지질도 작성을 위한 회의에 참석하면서 북한 지질학자들을 북경에서 몇 차례 만나 한반도 지질도에 대한 논의 및 세미나를 중국 지질학자들과 함께 실시한 적이 있었습니다. 이 남북한 과제를 수행하면서 2007년에는 남북한 과제를 수행하는 연구책임자들과 국내 화학학회 회원들과 함께 5월에 고려항공이 서울 김포공항에 와서 우리를 태워 5일간 평양을 방문하였습니다.

난생처음 평양 땅을 밟으며 나는 떨림과 감사함이 겹쳤고 나도 모르게 나를 이 땅에 인도하신 하나님께 감사를 드렸습니다. 북한 관계자들과의 회의와 그들의 안내에 따라 묘향산을 비롯하여 남포항과 평양의 여러 곳을 다니며 같은 한반도에 위치하며 가깝지만 함부로 발을 들어놓을 수 없는 곳이요, 같은 민족이 함께 하는 이 땅을 예수님 이름으로 축복하고 하루 속히 통일이 오기를 기도하며 다녔습니다.

평양 공항을 출발하기 전

평양 옥류관에서 식사 후

내가 30년 전 대덕한빛교회에 등록하여 지금까지 교회를 섬기고 성도로 집사로 그리고 장로로 지내온 일들마다 은혜와 사랑으로 하나님께서 돌보아주시고 인도하여 주셨음을 고백합니다. 그중에서 교회를 위해 그리고 하나님 나라를 위해 가장 크게 하나님이 나를 사용하셨다고 여겨지는 두 가지가 있습니다.

첫 번째는 우리 교회에서 처음으로 25년 전에 예수제자학교를 시작하며 제1기로 우리 부부가 등록하여 수강하였고 단기선교 훈련으로 인도 남부 데칸고원에 위치한 뱅갈루루시에 다녀왔습니다. 그곳은 지구보기 목사님과 이정미 선교사님이 인도의 복음화를 위해 사역하시든 곳이었습니다. 이 제자훈련을 마치고 3년이 지난 어느 날 성령 충만함이 지속되는 상태에서 아내가 우리교회 담임 목사님을 찾아가 교회에 중보기도 학교 개강하는 것에 대해 건의를 드려 보자고 하였습니다. 담임 목사님을 찾은 우리는 건의를 드렸더니 흔쾌히 승낙하여 주셨습니다.

목사님의 허락 속에 우리 교회에서 2003년 제1기 중보기도학교가 개강되었고 그해 우리 부부는 학생이면서 간사로 섬기기로 했습니다. 이 중보기도학교가 지금까지 우리교회에 계속 유지 되고 있으며 그간 많은 분이 이 기도학교 과정을 수료하시고 하나님과 소통하시며 기도 생활을 이어가고 있어 항상 하나님과 성도님들에게 감사드리고 있습니다.

두 번째는 우리교회가 24년 전 무주군으로부터 무주군 부남면 대유리에 해울동산의 건축허가를 받고 그 후 3년 동안의 건축 과정을 거처 2013년 6월에 헌당 예배를 하나님 전에 올려드렸던 일입니다. 만 3년의 기간 동안 나는 해울동산 건축위원장을 맡아 나에게 주어졌든 여러 가지 어려움도 있었지만, 하나님의 인도하심으로 헌당예배를 드리는 날 그간의 온갖 일들이 모두 눈 녹듯이 사라지며 하나님께 감사의 눈물을 흘렸던 기억이 남아 있습니다.

나의 직장 생활도 경북대학교 대학원에서 석사학위를 받은 후 처음 직장생활이 시작된 대한광업진흥공사와 2015년 한국지질자원연구원에서 퇴임하기까지 38년을 열심히 지하자원 개발과 우리나라 지질의 특성과 조사 연구에 종사하며 무사히 연구원을 퇴직하였습니다. 연구원을 퇴직 후 나는 지금도 작은 개인회사이지만 이 회사를 위해 그리고 하나님이 만드신 이 땅을 연구하고 조사하는 일을 지금도 계속하고 있습니다.

내가 한국지질자원연구원을 40년을 조금 못 미치는 해를 지나오면서 그사이 연구원의 배려와 하나님의 은혜로 프랑스에서 이학박사학위를 마칠 수 있었던 일과, 2005년 4월 21일 과학의 날에는 대한민국이 수여하는 과학기술훈장 도약장을 받는 행운을 얻은 일들이 있습니다. 퇴직

하기 몇 년 전 연구원에서 시행한 나를 돌볼 수 있었든 어느 교육과정에서 나에게 나의 사명 선언서를 작성해 보라고 했습니다. 그때 나는 [**나의 사명은 겸손한 성품과 하나님 말씀에 순종하며 주위에서 꼭 필요로 하고 쓰임 받는 사람이 되는 것이다**]라고 작성하였습니다.

생각해 보면 어린 시절 부모님의 보살핌 속에 있었을 때에는 출애굽 전 이스라엘 민족처럼 나의 의지가 아닌 누군가의 뜻에 따라 살아가는 삶이었으나, 지금 와 돌아보니 결혼 이후 내가 가장으로 스스로 개척하는 삶을 영위해야 할 때부터는 하나님은 나와 동행하시고 내 삶을 손잡고 이끄셨음을 진정으로 느껴집니다. 이스라엘 민족이 출애굽 후 40년을 지나는 동안 초기에는 출애굽 함에 사로잡힌 출애굽 공동체였으나 광야에서 모세와 함께하며 성막을 짓고 하나님이 임재하시는 언약궤를 들고 나아가면서 서서히 하나님을 경배하는 예배의 공동체로 바뀌어 갔습니다.

물론 결혼 후 지금까지 세상 속에서 살아가며 항상 하나님의 은혜 안에 즐겁고 기쁜 일만이 있었고 한시도 하나님의 높고 위대하심만을 찬양한 것은 아닙니다. 때로는 힘들고 속상하는 사건들이 한두 번이 아니며 때로는 예배에 소홀한 적도 한두 번이 아니지만 그때 마다 하나님이 나를 도우셨고 나를 이끌어 고난에서 건져 주셨음을 깨닫고 있습니다. 어려움이나 고난이 오면 나는 '고난은 하나님을 만나는 지성소'요 '이 또한 지나가리라'라는 말을 되새기며 하나님께 기도하며 극복하는 지혜가 생겼습니다.

욥기 23장 10절에서 12절에는 [**그러나 내가 가는 길을 그가 아시나니 그가 나를 단련하신 후에는 내가 순금같이 되어 나오리라 내 발이 그의 걸음을 바로 따랐으며 내가 그의 길을 지켜 치우치지 아니하였고 내가 그의 입술의 명령을 어기지 아니하고 정한 음식보다 그의 입의 말씀을 귀히 여겼도다**]고 말씀하십니다.

대륙과 바다가 생성 되어온 길

나는 지질학을 전공하여 프랑스에서 지질학 중에서 구조지질학이란 분야로 이학박사 학위를 수여 받았습니다. 그 후에도 한국지질자원연구원에 근무하면서 수많은 논문과 전공 서적을 발간하며 지질학자로의 삶을 살며 지금도 관련 분야의 개인회사에서 나의 지식을 가지고 종사 하고 있습니다. 그런 상황에서 내가 교회에서 장로임을 아는 분들이 간혹 지질학자들은 성경의 창조론을 부정하며 지질학에는 많은 부분이 창조론에 위배되는 학문이 아니냐는 질문을 받고 있습니다. 나는 성경의 시작인 창세기 1장 1절은 [**태초에 하나님이 천지를 창조하시니라**]로 하나님이 이 세상과 우주를 포함 천지 삼라만상을 하나님께서 만드신 피조물이라는 믿음에는 전혀 흔들림은 없습니다.

역사 시간에 역사시대와 선사시대의 구분은 인간이 문자 등으로 그 당시 시대적 배경이나 사건들을 기록하기 시작한 때를 기준으로 기록이 남아 있는 때를 역사시대 그리고 기록이 없이 고고학자들에 의해 발견되는 유물 등으로 시대를 유추 할 때는 선사시대로 구분한다고 배웠습니다. 지질학에서도 마찬가지로 과거부터 고생대, 중생대, 신생대인 지질시대와 그 이전을 선 캠브리아기(원생대와 시생대로 나눕니다)로 나누어 표시 하곤 합니다. 이 지질시대와 선 캠브리아기로 나누는 기준은 지구상에 생물이 급격히 출몰한 때를 기준으로 삼게 됩니다. 즉 고생대 초기 인 캠브리아기에 지구상에는 현재는 멸종되어 없어진 삼엽충을 비롯하여 수많은 생물들이 갑자기 출현 하였습니다. 역사에서 글자에 의해 기록이 남아 있는 때를 기준으로 삼는 것과 같이 지질시대는 생물의 출현으로 나누이게 됩니다.

그러면 이런 지질학적 시대를 거쳐 오는 동안 우리가 살고 있는 지구의 대륙 즉 땅과 바다가 현재의 모습과 같았을까요? 지질학자들의 여러 가지 증거를 가지고 과거의 대륙과 해양의 모습 즉 과거의 세계 지도를 복원하였습니다. 다음 4장의 그림은 지질시대인 고생대, 중생대, 신생대 및 현재의 대륙과 해양의 모습입니다. 이들 그림을 자세히 보면 현재의 5대양 6대주의 세계 지도와 다름을 보게 됩니다. 지질시대를 거쳐 오면서 대륙과 해양의 모습이 바뀌어 왔음을 알게 됩니다.

성경은 하나님이 일곱째 날에 안식하셨다고 말씀합니다. 하지만 이것은 하나님이 창조 사역을 완전히 마치셨다는 의미가 아닙니다. 하나님은 지금도 계속해서 창조 세계를 유지하고, 인간 구원의 완성을 위해 일하고 계십니다. 하나님의 창조는 창세기에서 모두가 끝나고 완성된 것이 아니라 세상 삼라만상을 창조 하신 하나님은 지금도 쉬지 않고 대륙과 해양의 모습뿐만 아니라 우주의 별이 새로 생성되고 소멸되며 새로운 생물이 탄생하고 어떤 생물은 지구상에서 멸종되고 있습니다.

이렇게 대륙과 해양이 기나긴 지질시대를 지나면 지구의 대륙과 해양의 모습이 점차 바뀌어 질 것임을 우리는 예측 할 수 있습니다, 지금도 우리는 지구상의는 여러 곳

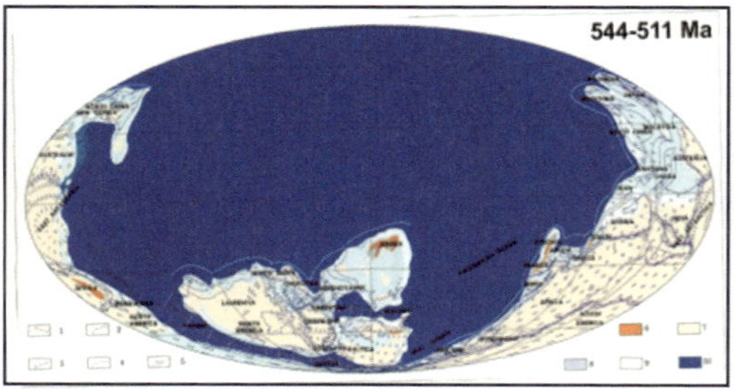

고생대 초기 바다와 대륙 복원도

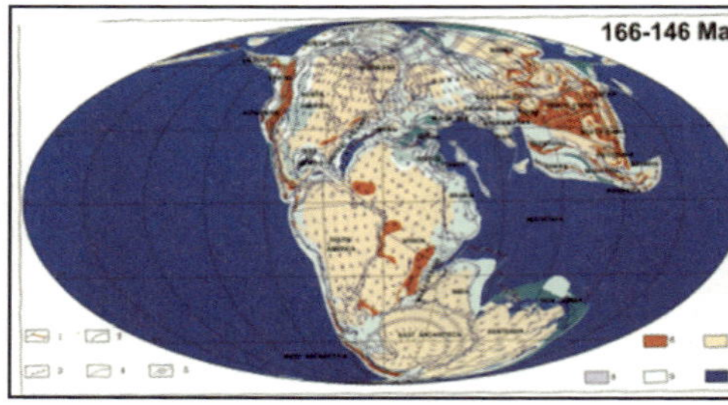

중생대 초기 바다와 대륙 복원도

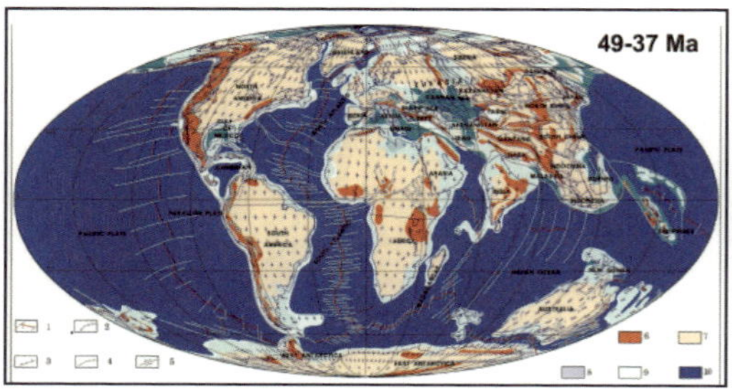

신생대 초기 바다와 대륙 복원도

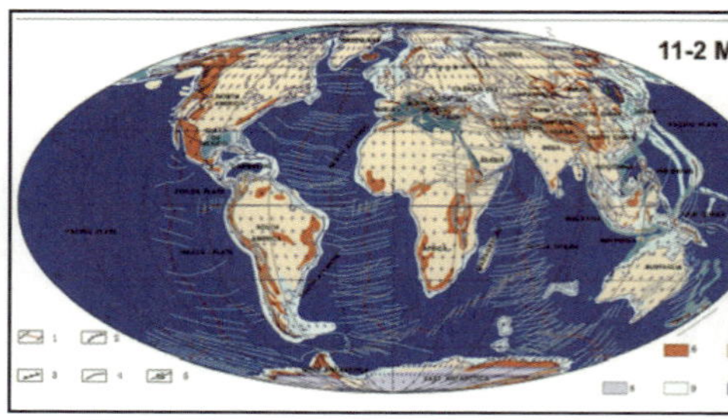

현생 바다와 대륙 복원도

출처 : J. Golonka etc., 2006, Global plate tectonics and paleogeography of southeast Asia, AGH Uni. of Sci. & Tec., 128p

에서 지진으로 땅이 흔들리고 갈라지면서 큰 재난이 발생하고 화산 폭발로 땅속에서 불덩이가 지표로 흘러 나와 지표를 덮고 있는 장면을 보게 됩니다. 지구의 껍질 부분인 지각은 여러 조각의 판들이 서로 맞물려 공 모양의 지구 내부를 둘러싸고 있으며 땅은 견고하여 조금도 흔들림이나 변화 없을 것 같지만 판의 경계부에서 두 판이 서로 엇

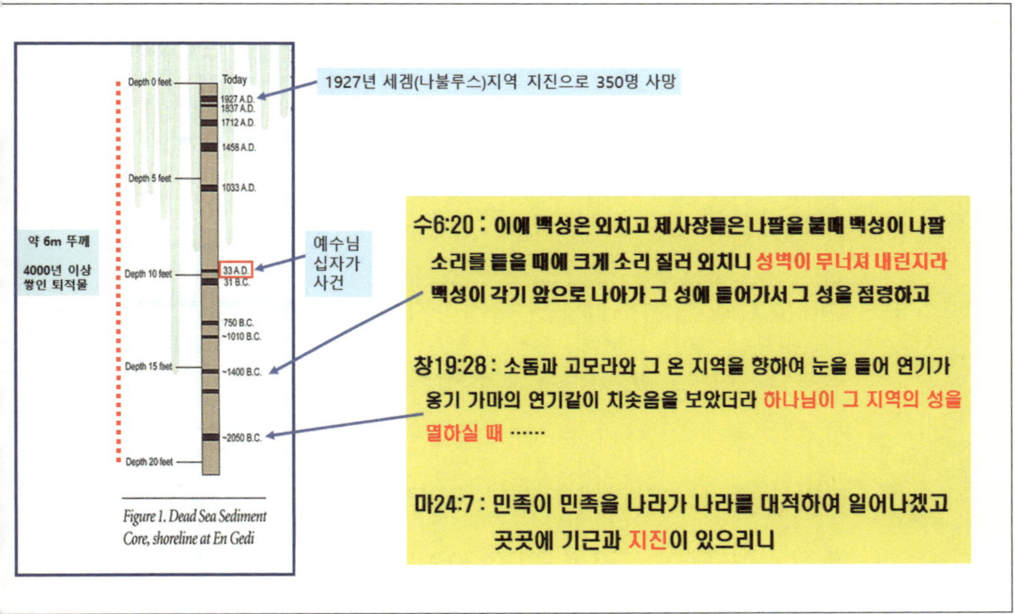

시추결과 자료 출처 : S.A. Austin, 2010, Greatest earthquakes of the Bible

갈리면서 빠른 곳은 1년에 약 3cm 정도 조금씩 이동하고 있습니다. 그래서 판과 판이 만나는 곳은 지진이나 화산 활동이 판의 중앙부 보다 훨씬 자주 발생하고 있습니다.

성경에서도 시편 102편 32절은 [**그가 땅을 보신즉 땅이 진동하며 산들을 만지신즉 연기가 나는도다**], 시편 144편 5절 [**여호와여 주의 하늘을 드리우고 강림하시며 산들에 접촉하사 연기를 내게 하소서**]라고 기록하며 지각이 움직임을 암시하고 있습니다. 성경에는 이스라엘 땅에서도 여러 곳에서와 여러 시기에 걸쳐 땅이 흔들리고 성벽이 무너지는 등 지진의 흔적들을 기록하고 있습니다.

다음 그림은 이스라엘의 지질학자인 S.A.Austin(2010)이 발표한 자료로 사해의 강바닥 퇴적물 약 6.1m(20 feet)를 시추를 통해 약 4000년 동안 강바닥에 쌓인 시료를 얻어 퇴적물이 지진에 의해 교란된 지점의 절대 년령치를 표시한 그림이다. 이 그림에사 BC 2050년은 성경 창세기 19장 28절에 기록된 소동과 고모라에 지진과 화산으로 멸망됨과 일치하고 있습니다. BC 1400년은 여호수아가 이스라엘 땅으로 가서 첫 번째 경고한 성인 여리고 성이 무너질 때와 일치 합니다. 그 후 예수님이 십자가에 못 박혀 돌아가실 때 마태복음 27장 51절은 [**이에 성소 휘장이 위로부터 아래까지 찢어져 둘이 되고 땅이 진동하며 바위가 터지고**]라고 하며 지진이 일어났음을 말하는데 그때인 AD 33년과 일치한다. 현세에서도 서기 1927년 이스라엘의 도시인 나불루스(성경에서 세겜인 도시)에서 지진으로 350명이 사망한 대지진이 기록되어 있습니다.

이와 같이 이스라엘 뿐 아니라 세계 도처에서 지진이 발생하며 땅이 움직이는 현상을 오늘날도 우리가 직접 보고 있습니다. 즉 하나님은 창조 세계를 유지하기 위해 오늘도 일하고 계십니다. 자연의 법칙을 유지하시고, 생명체를 보호하시고, 지구 상에 생명체가 살 수 있는 환경을 유지하시고 계십니다. 뿐만 아니라 하나님은 우리에게 죄에서 떠나 하늘나라를 소망하며 하늘의 뜻이 이 땅에서 이루어지도록 돕고 계십니다. 예수 그리스도의 구속을 통해 우리의 죄를 용서하시고, 우리를 하나님과 화목하게 하십니다. 또한, 하나님은 성령을 통해 우리를 회개하게 하시고 거듭나게 하시고, 거룩한 삶을 살도록 이끌고 계십니다.

세상에서 가장 낮은 길

예수님께서 이 땅에 사람의 몸으로 오셔서 우리에게 하나님 나라를 우리에게 알려 주신 공생기간 중 주로 많이 사역하신 곳이 이스라엘의 땅 나사렛이며 갈릴리 호수 부근임을 우리는 잘 알고 있습니다. 갈릴리 호수는 현재 이스라엘과 레바논에 걸쳐 있으며 남쪽으로 흘러가면서 요르단과 국경을 이루는 요단강의 북부에 있는 큰 담수호입니다. 요단강은 갈릴리 호수를 중심으로 그 북쪽을 상부 요단강 그리고 그 남쪽을 하부 요단강으로 구분합니다.

요단강의 발원지는 헐몬산으로 현재 레바논과 시리아의 국경을 이루는 북동-남서 방향으로 뻗은 샤르키 산맥 남쪽에 위치하며 이스라엘 국경과 접하고 있는 해발 2,814m의 높은 산입니다. 이곳에서 발원한 요단강은 남으

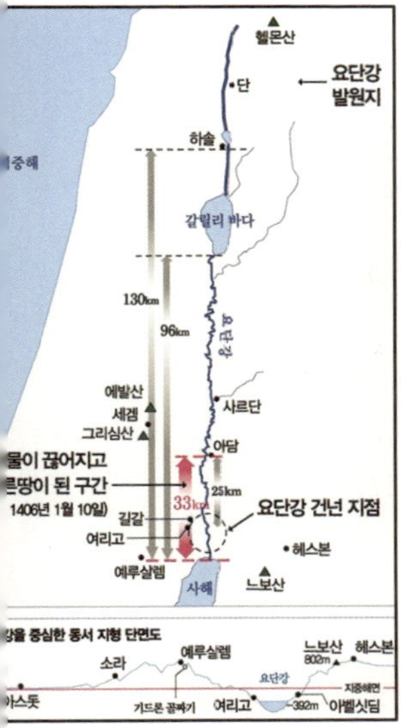

헐몬산에서 사해까지 요단강

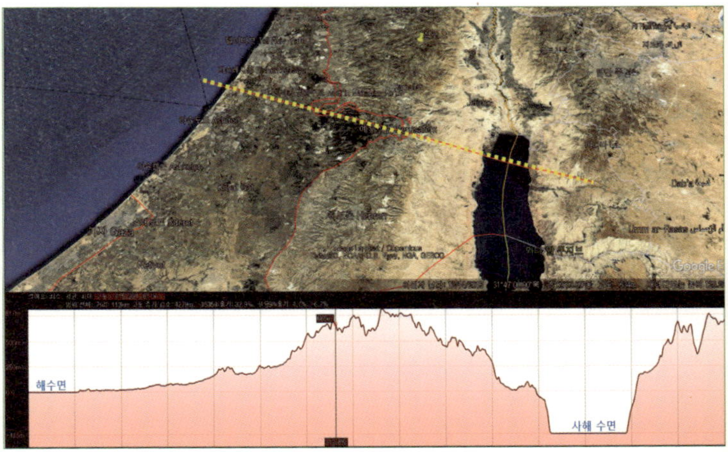

사해에서 동서를 자르는 지형 단면도

로 요르단과 국경을 이루며 거의 일직선상으로 흘러 사해라 불리는 염호(salt lake)에서 이 강은 더 이상 발달하지 않습니다. 요단강은 총길이가 320km 이며 이중에 250km가 해수면 아래입니다. 요단강에서 갈릴리 호수도 해수면 아래 약 200m 로 사해 쪽으로 내려가면서 점점 해발고도가 가장 낮아 져서 사해부근은 해수면 아래 약 420m에 이릅니다.

우리가 살고 있는 행성인 지구는 지표에서 땅속으로 가면서 지각이라 불리는 소위 땅의 껍질 부분이 있고 그 아래는 맨틀이라 불리는 부분과 더 아래는 외핵과 내핵으로 이루어져 있습니다. 지구는 공과 같이 둥글기 때문에 지각 부분이 하나의 막과 같이 감싸고 있는 것이 아니라 수십 개의 조각 즉 판들이 서로 맞물려 지구를 둘러싸고 있습니다. 예를 들어 축구공도 둥근 구 모양 이므로 겉면은 가죽의 판모양 조각들이 공을 감싸고 있는 것과 같습니다. 이것을 지질학에서는 판구조론이라 불리며 지구의 지각의 발달 상태와 여러 가지 지질현상들을 해석하는데 늘 인용되는 이론입니다.

요단강이 흐르는 요단강 계곡은 하나의 큰 단층으로 계곡을 중심으로 서쪽은 아프리카 판이며 동쪽은 아라비아 판으로 소위 판의 경계를 이루는 곳입니다. 이렇게 판의 경계를 이루는 지구상의 큰 단층 계곡인 요단강 계곡 내 사해가 위치한 지역은 해발고도가 해수면 아래 400m라는 지구의 내륙에서 가장 낮은 곳이며 예수님이 활동 하신 갈릴리 호수 주위도 내륙에서 해발고도가 해수면 보다 수백미터 아래인 낮은 곳임을 알 수 있습니다.

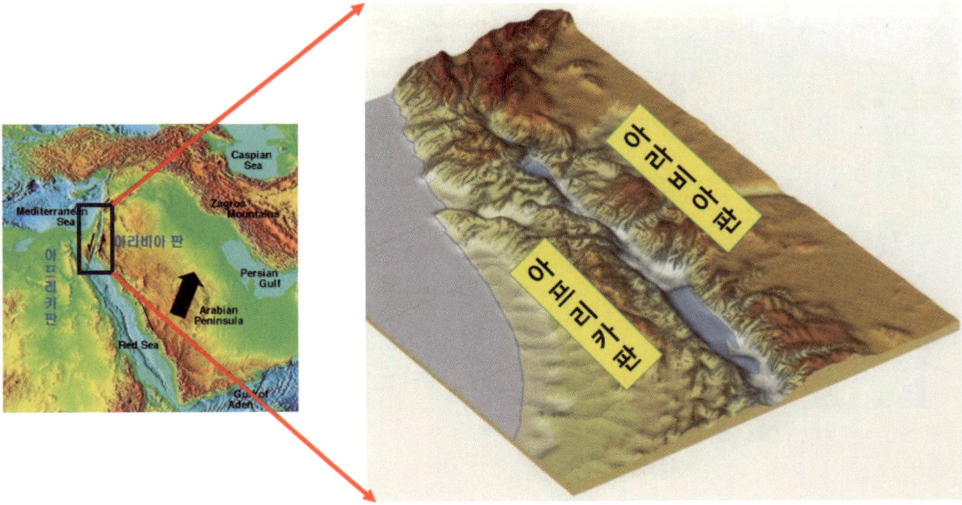

요단강 계곡의 동쪽은 아프리카 판이며 동쪽은 아라비아판인 판경계

요단강 계곡의 대 단층

성경에서 보면 구약 시대 모세가 애굽을 탈출한 이스라엘 백성을 이끌고 40년간의 광야 생활을 거쳐 요단강 동쪽 느보산에서 강 건너 서쪽의 가나안 땅을 멀리까지 내려 보게 됩니다. 그러나 모세의 역할은 그곳에서 끝이 나고 여호수아가 이스라엘 민족을 이끌고 드디어 요단강을 건넙니다.

여호수아 3장 14절에서 17절은 [**백성이 요단을 건너려고 자기들의 장막을 떠날 때에 제사장들은 언약궤를 메고 백성 앞에서 나아가니라 요단이 곡식 거두는 시기에는 항상 언덕에 넘치더라 궤를 멘 자들이 요단에 이르며 궤를 멘 제사장들의 발이 물가에 잠기자 곧 위에서부터 흘러내리던 물이 그쳐서 사르단에 가까운 매우 멀리 있는 아담 성읍 변두리에 일어나 한 곳에 쌓이고 아라바의 바다 염해로 향하여 흘러가는 물은 온전히 끊어지매 백성이 여리고 앞으로 바로 건널새 여호와의 언약궤를 멘 제사장들은 요단 가운데 마른 땅에 굳게 섰고 그 모든 백성이 요단을 건너기를 마칠 때까지 모든 이스라엘은 그 마른 땅으로 건너갔더라**]고 기록합니다. 애굽을 떠난 1세대의 이스라엘 만족은 여호수아와 갈렙 두 사람만 남고 나머지 모드는 그들의 후손인 2세대가 그토록 그리워하든 젖과 꿀이 흐르는 약속의 땅을 밟게 됩니다.

여호수아가 이스라엘 민족을 이끌고 요단강을 건너 가나안땅으로 입성한 지 약 1,400여 년이 지난 후 사랑의 하나님은 씻을 수 없는 죄에서 하나님이 지으신 인간들을 구원하시려고 그의 아들이신 독생자 예수그리스도를 이 땅에 보내십니다. 예수님은 2,000년 전 이 땅에 가장 낮은 모습으로 베들레헴의 말구유에서 탄생 하셨습니다. 그리고 요단강에서 세례요한으로부터 인간의 모습으로 세례를 받으셨으며 공생 기간 동안 주 무대로 사역하신 곳이 갈릴리호수 부근임을 우리는 성경을 통해 잘 알고 있습니다.

요단강은 현재도 세계 어디에서도 유래가 없는 지구 상 대륙에서 가장 낮은 해수면 아래 수 백 미터에 위치한 강입니다. 이처럼 낮은 모습으로 낮은 곳에 임하셨든 만왕의 왕이신 예수님의 모습을 묵상하며 그분은 진정 하나님의 아들이시요 우리의 죄를 대신 지시고 고난 받으신 분이며 하늘에 오르시어 하나님 우편에 앉아 계셨다가 다시 재림하실 분이심을 확실하게 믿게 됩니다.

돌과 흙에서 온 길

하나님은 사람을 만드시기 전에 먼저 인간이 살아갈 공간인 땅과 바다를 만드셨습니다. 태조에 지구상에 인간이 나타나기 전 땅은 지금의 우주 공간의 행성이나 항성과 같이 표면이 암석으로 이루어져 있었으며 그 표면에는 약간의 우주 먼지가 덮고 있었을 것이라 상상됩니다. 하나님이 이 돌로 구성된 땅 표면에 바다와 강, 호수 등 물을 만드시고 식물과 동물을 만드셨습니다. 여기서 지구는 다른 행성에서 없는 바다, 강, 호수와 식물을 지구 표면을 덮게 하시고 이로 인해 돌 즉 암석이 풍화작용을 겪게 하십니다. 이렇게 암석이 풍화가 되어 자갈, 모래, 진흙과 같은 물질들이 지구의 표면을 덮어 마치 지구의 피부 역할을 하게 하십니다.

하나님이 이렇게 육 일간 삼라만상과 6일째는 아담을 창조 하시고 일곱째 날을 복되게 하사 거룩하게 하시며 창조하신 모든 일을 마치시고 안식하십니다. 이어서 창세기 2장 7절 [**여호와 하나님이 땅의 흙으로 사람을 지으시고 생기를 그 코에 불어넣으시니 사람이 생령이 되니라**] 하며 사람을 하나님의 형상대로 흙으로 지으시고 생기를 불어 넣어 인간을 만드신 것에 대해 기록하고 있습니다. 즉 인간의 육체를 구성하는 물질은 흙에서 왔음을 알려주시고 있습니다.

우리가 사는 지구는 공[球] 모양으로 지구의 표면인 지각과 그 공의 중심으로 가면서 맨틀과 외핵 및 내핵으로 구성되어 있습니다. 지각은 5대양 6대주로 각각 이름이 지어져 있고 대륙의 겉 표면은 대부분 흙으로 덮여 있습니다. 그 흙을 걷어 내면 그 아래는 바로 돌이 노출됩니다. 이렇게 그 흙과 돌을 기반으로 하는 지표에 살아가는 우리는 하나님이 만드신 피조물이요 모두 대자연의 일부입니다.

흙은 생명의 근원입니다. 식물은 흙에서 영양분을 흡수하여 성장하고, 동물들 중에 많은 채식위주의 것들은 식물을 먹고 살아갑니다. 흙은 그 아래 돌과 함께 지표의 높낮이를 이루어 산과 들 그리고 강, 호수, 바다의 바닥을 이루며 지형을 만들고 있습니다. 앞에서 흙은 돌이 풍화 작용을 거쳐 만들어진 소산물이라 했습니다. 그러면 돌에는 어떤 종류의 것들이 있을까요?

돌 즉 암석을 분류하면 크게 화성암, 퇴적암 그리고 변성암인 세 종류로 구분합니다. 화성암은 말 그대로 불에서 된 돌로 지각의 깊은 곳에서 만들어진 마그마[magma]가 식어서 된 돌입니다. 화성암 중에서 마그마가 지표 약 10km이하 지하 깊은 곳에서 천천히 굳어서 된 돌을 심성암이라 하며 심성암의 대표적인 돌이 우리가 흔히 잘 아는 화강암입니다.

마그마가 지각을 뚫고 지표까지 흘러나온 것을 용암[lava]이라 부르는데 이 용암이 지표에 노출되어 식은 돌이 화산암입니다. 우리가 잘 아는 제주도에서 흔히 보는 검은색을 띠는 돌이 화산암의 대표적 암석인 현무암입니다. 이렇게 심성암과 화산암이 형성되는 그 사이에서 마그마가 뚫고 올라오면서 굳은 화성암을 반심성암이라 부르며 암맥[dyke]이라고 합니다.

퇴적암은 우주 공간에서 다른 행성에는 존재하지 않는 지구에서만 존재하는 암석입니다. 왜냐하면 퇴적암은 강이나 호수 그리고 해저에서 지표를 덮고 있는 암석이 풍화된 자갈이나 모래 또는 뻘 등이 물에 의해 운반되어 쌓이고 이 쌓인 퇴적물들이 암석화 작용 [속성작용(diagenesis) 라고 부릅니다]을 거쳐 만들어진 돌입니다. 그래서 이 퇴적암을 수성암 즉 물에서 된 돌이란 뜻의 이름으로도 불렸습니다. 다시 말하면 퇴적암은 기반암이 풍화작용을 받아 생성된 자갈, 모래, 흙 등인 퇴적물들이 물에 의해 운반되어 강이나 호수 혹은 바다의 바닥까지 떠내려 와서 쌓이고, 이 퇴적물이 굳어서 된 돌입니다, 퇴적암은 물의 흐름에 의한 운반작용이 없이는 만들어 질 수 없는 돌입니다.

이렇게 떠내려 온 퇴적물들이 중력에 의해 무거운 것들은 빨리 가라앉고 가벼운 것들은 천천히 가라앉으며 한 켜 한

켜 마치 시루떡처럼 켜가 만들어지게 되는데 이 켜를 층리라고 부릅니다. 퇴적암의 대표적인 암석은 자갈들이 모여서 된 돌을 역암, 모래가 쌓여 돌이된 것은 사암 그리고 진흙이 쌓여 돌이 된 것을 이암 혹은 셰일이라 부르고 있습니다.

변성암은 기존 지각을 이루며 존재하는 어떤 종류의 암석이든 그곳에 지각운동에 의한 고온과 고압이 작용하면서 본래의 돌의 모양과 성질을 완전히 잃어버리고 돌을 구성하는 광물들이 재배열되며 새롭게 만들어진 돌입니다. 예를 들어 나비가 알에서 애벌레가 되고 애벌레는 고치가 되며 고치에서 나비가 탄생하듯이 모양과 성질이 완전히 새롭게 만들어진 돌입니다. 이렇게 고온 고압 하에서 광물들이 재배열되면서 켜를 만들게 되는데 이를 엽리라고 부릅니다. 대표적인 변성암으로는 편마암, 편암, 천매암, 점판암 등이 있습니다.

이렇게 만들어진 여러 종류의 돌들이 지표에서 풍화작용을 거치며 흙이 됩니다. 이렇게 만들어진 흙에 대해 언급해 보려 합니다. 우리가 잘 아는 심성 관입 화성암인 화강암은 주 구성 광물인 석영, 장석, 운모 등으로 이루어져 있으며 이들 광물들의 입자는 육안으로도 구분이 가능할 정도로 반심성암이나 화산암에 비해 큰 결정을 가집니다. 이 화강암이 풍화 작용을 거쳐 만들어진 토양을 마사토라고 부릅니다. 마사토에는 석영의 입자들을 많이 함유하므로 인해 모래질이며, 투수성[permeability]이 매우 좋은 흙입니다. 이 흙은 물 빠짐이 좋아 모래질 땅에서 잘 자라는 식물 재배나 특히 화원에서 화분을 채우는 흙으로 이용되고 있습니다.

투수성면에서 보면 제주도에 분포하는 현무암 지역에서 흔히 산출되는 콩알정도 크기의 붉은색 토양인 송이라는 것이 있습니다. 송이는 학문적으로는 스코리아[scoria]라고 부르며 제주도에 가면 가끔 지붕 위에 붉은 색의 흙으로 덮여진 지붕을 볼 수 있는데 이것이 송이입니다. 이 스코리아는 현무암질 용암이 분출 시 폭발에 의해 생성된 것으로 물 빠짐이 좋아 난초를 좋아하시는 분들이 난의 화분에 담기 위해 앞 다투어 담아가려 합니다.

암석을 구성하는 광물 중에 가장 흔한 것이 장석입니다. 장석은 다시 사장석, 정장석으로 구분 되는데 장석이 풍화작용을 받으면 고령토[kaolinite]로 변질됩니다. 이 고령토는 질그릇이나 타일 등을 만드는 귀중한 재료이며 고령토에 다른 철 성분이 섞이어 있는 흙이 우리가 좋아하는 황토 흙이며 황토방을 만드는 재료나 지정수라는 물을 만들 때 사용하기도 합니다. 다양한 종류의 돌이 풍화 작용을 거치며 만들어진 흙을 우리는 여러 곳에서 사용됩니다.

이렇게 흙과 돌은 우리의 자연화경 속에서 항상 같이하며 서로의 존재 속에서 연결되어 있습니다. 돌은 흙을 만들고, 흙은 더 깊은 곳에 있는 돌을 보호합니다. 그리고 우리는 이 들 사이에서 흙과 돌을 이용하고 사용할 뿐만 아니라 보호를 받으며 살아갑니다. 흙으로 빚은 우리의 육체는 다시 흙으로 돌아갑니다. 즉 나는 자연의 일부로써 흙과 돌과 함께 하나님이 만드신 자연물로 이루어져 있으며, 자연의 섭리에 따라 살아가고 있다고 생각합니다. 그러므로 나는 자연을 존중해야 합니다. 흙과 돌은 인간에게 많은 혜택을 주지만, 우리는 자연을 함부로 파괴해서는 안됨을 느끼게 됩니다. 흙과 돌을 보호함으로써, 나는 내 자신과 미래 세대의 삶을 지킬 수 있으리라 확신 합니다.

성경에는 흙과 돌이 다양한 의미로 사용됩니다. 창세기에 보면 하나님이 인간을 흙으로 지으셨다는 말씀 외에 출애굽기 20장 25절에서 하나님께서는 돌로 제단을 쌓으라고 명령하셨습니다. 여기서 흙은 하나님께서 창조의 도구로 사용하셨고 돌은 하나님께 대한 경외심을 상징합니다. 왜냐하면 돌은 영원하고 변하지 않는 존재이기 때문입니다. 예레미야 18장 3절에서 하나님께서는 흙으로 만든 질그릇을 깨뜨릴 수 있는 능력이 있다고 말씀하십니다. 이곳에서의 흙은 하나님의 주권과 통치를 상징합니다. 왜냐하면 하나님께서는 우주와 만물을 창조하시고 다스리시는 분이기 때문입니다. 흙은 약함과 무력함을 상징하기도 하고, 돌은 강함과 힘을 상징하기도 합니다. 또한, 흙은 구원과 회복을 상징하기도 하고, 돌은 심판과 멸망을 상징하기도 합니다.

이처럼 성경에서 흙과 돌은 다양한 의미로 사용되지만

그 근본적인 의미는 이들을 매개체로 한 하나님과 인간의 관계를 나타내는 것입니다. 흙과 돌은 인간의 연약함과 하나님의 위대함을 상징합니다. 하나님은 흙과 돌을 사용하셔서 인간을 창조하시고 구원하시는 도구로 사용하십니다.

하나님이 역사하신 길 (간증)

김난희 권사

남편이 지난 1982년 혼자서 약 7개월간 뉴질랜드에 출장을 다녀온 후 몇 주 지난 주일날 함께 교회에 나가자고 권유하면서 온 가족이 집 가까이에 있는 교회를 찾았습니다. 그리고 3년이 지난 어느 날 친정 언니가 잘 알고 계시는 목사님께서 저희 집에 신방을 오셔서 나에게 시편 121편 1에서 8장 [**내가 산을 향하여 눈을 들리라 나의 도움이 어디서 올까 나의 도움은 천지를 지으신 여호와에게서 로다 너를 지키시는 이시라 여호와께서 네 오른쪽에서 네 그늘이 되시나니 낮의 해가 너를 상하게 하지 아니하며 밤의 달도 너를 해치지 아니하리로다 여호와께서 너를 지켜 모든 환난을 면하게 하시며 또 네 영혼을 지키시리로다 여호와께서 너의 출입을 지금부터 영원까지 지키시리로다**]의 말씀을 저에게 주셨는데 이 말씀이 지금까지 나의 신앙생활에 길이며 힘이 되고 있습니다.

그로부터 약 10년이 지나 저희는 대전으로 이사를 오게 되었습니다. 대전에서 등록한 교회의 여전도회에서 은사를 받으신 한 집사님을 주축으로 기도의 시간을 매주 가지고 있었습니다. 나도 그 기도회에 참석하기로 허락을 받고 함께한 첫날 기도를 마치고 밤늦게 차를 운전하며 집으로 오는 도중에 등 뒤에서 싸늘한 전율을 느끼기 시작했습니다. 순간 나는 이것은 사단의 역사가 아닌가라고 생각하며 지금 내안에 성령님께서 함께하시니 그들의 방해가 있나보다고 하며 지나쳤습니다.

그 일이 있은 후 기도를 인도하시는 집사님께서 나의 앞을 지나가는데 그의 뒷모습이 나의 눈에는 마치 어릴 때 동네에서 본 무당의 모습처럼 보였습니다. 그러나 나는 첫날처럼 성령님이 역사하시니 사탄이 방해하나 보다고 스스로 느꼈습니다. 그날부터 나에게 이상한 현상이 나타나기 시작했습니다. 나의 귀에는 더러운 귀신의 속삭이는 소리가 들렸고 내가 “더러운 귀신아 나자렛 예수 이름으로 명한다. 떠나가라"라고 외치면 깔깔깔 웃으며 나랑 똑같이 "더러운 귀신아 나자렛 예수 이름으로 명한다. 떠나가라"고 하며 깔깔 웃는 것이었습니다. 기도 모임 안에서는 다른 분들은 내가 은사를 받았다고 말씀하는데 나는 개인적으로 굉장히 힘들고 괴로웠습니다.

며칠 후 출장 갔던 남편이 출장 중 잠시 집에 들렀는데, 현관문을 열고 덜어 오면서 바로 화를 내면서 "당신 요사이 무슨 일이 있느냐?" 물었습니다. 나는 현재의 나의 영적 상태와 함께 기도모임에 있었든 일들을 소상히 말하여 주었습니다. 그때 남편은 기도 모임에서 있었던 일련의 일들은 분명 사탄의 역사이고 "당신을 시기하고 하나님과 멀어지게 하려는 농간입니다"라고 큰 소리로 말하며 기도모임에 나가지 말라고 하였습니다. 그리고 이 일들을 목사님을 찾아가 말씀드리고 목사님께서 기도해 주시면 모든 것이 해결될 것 같은 확신이 들어 목사님을 찾아 갔습니다. 목사님께서는 이미 내가 기도 모임을 통해 많은 은혜를 받고 있다는 이야기를 다른 분들을 통해 들으셨든 터라 "집사님, 좋은 은사를 잘 간수 하십시오"라고 말씀하셨습니다.

나는 목사님 집을 나와 차를 운전하여 오면서 "아! 나는 이제 죽었구나."라는 생각이 들었습니다. 집에 돌아와 주님 전에 "주님~ 제가 사탄의 종이 되느니 차라리 주님께서 친히 오셔서 저의 생명을 거두어 주시옵소서"라고 간절히 기도 드렸습니다. 아무리 기다려도 데려가시지 않아, 내가 회개를 하여야겠다는 생각이 들어 그간 지은 죄를 생각하며 하나하나 목록을 적어 놓고 눈물로 용서를 구하고 회개의 기도를 드렸습니다.

그때 문경에서 기도원을 하시는 언니가 생각났습니다. 언니에게 전화를 드려서 자초지종을 전했더니 언니가 그 길로 바로 차를 가지고 우리 집으로 달려왔습니다. 저녁 11시에 함께 기도를 시작해서 새벽 3시쯤이 되었을 때 성령님이 나의 머리에서부터 온몸으로 성령님의 임재하심을 느끼며 나에게서 귀신이 떠나가고 두려움과 괴로움에서 평안이 찾아오는 소중한 시간을 가지게 되었습니다. 이 과정은 기도모임에 참석하기 시작한 월요일부터 금요일까지 5일 동안에 일어난 일이었습니다.

다음날 목사님께 전화로 저에게 있었던 모든 상황을 상세히 말씀드렸습니다. 그리고 목사님을 찾아 갔던 그 당시는 내가 사탄에게 눌림을 받고 있었으나, 지금은 성령님의 도우심으로 평안 속에 있음을 말씀드렸습니다. 이런 일이 있고 난 후 하나님께서는 나를 중보기도의 자리로 인도해 주셨으며 많은 중보기도의 동역자들도 함께 세워 주셔서 지금까지 기도 할 수 있는 축복의 은혜를 내려 주셨습니다. 기도의 지리로 인도하시고 사용하신 하나님의 은혜에 감사와 찬양을 올려 드립니다.

주님이 인도하신 자녀들의 길

김난희 권사

저희 큰 딸아이가 고등학교 1학년 여름방학 동안 학원에서 집중 강의를 받은 후부터 갑자기 장염을 앓기 시작하였습니다. 아이가 학교에서 공부도 곧잘 하여 내가 욕심을 내었던 것으로 여겨집니다. 학교에 간 아이가 배가 아프다고 전화를 하면 나는 학교에서 아이를 데리고 나와 병원을 찾는 날이 많았습니다. 자주 아픔을 호소하니깐 나는 "고등학교는 무사히 졸업할까?" 하는 걱정을 늘 하였습니다. 저는 주님 앞에 나아가 기도하기 시작하였습니다. "주님, 정은이를 주님 손에 맡깁니다. 주님 받아 주옵소서"라고 기도하며 완전히 내 안에 있는 욕심들을 모두 내려놓았습니다. 그 당시 유행하는 말인 "개구쟁이라도 좋다 튼튼하게만 자라다오"가 저의 소망이었습니다. 그렇게 기도하고 내려놓은 후부터 아이는 표정도 밝아지고 즐거운 마음을 가지며 장염은 계속되었지만, 고등학교 3학년 과정을 무사히 마치고 대학도 숙명여자 대학교 불어불문학과에 입학 하였습니다.

저희 둘째는 중학교 2학년 때 "엄마 나 하나님을 만나고 싶은데 어떻게 하면 되느냐?"고 물어 왔습니다. 그때는 나도 인격적인 하나님과의 만남이 없었든 터라 "그러면 너의 바램을 목사님에게 여쭈어보아라"라고 말했더니 이 아이가 목사님에게 편지를 보냈습니다. 목사님께서 답장을 주셨는데 아이의 마음을 충족하지 못하였는지 다시 나에게 묻길래 "그러면 네가 매일 쓰고 있는 일기를 하나님께 편지를 쓰듯이 써 보라"고 권유했습니다. 그때부터 우리 아이는 매일 하나님께 편지를 쓰기 시작하였습니다. 그렇게 한 1년이 지나면서 하나님께서는 우리 아이에게 말씀으로 들려주시며 그 음성을 받아쓰도록 하셨습니다. 주님께서 친히 자녀를 양육하시듯 성경 말씀과 음성으로 인도하여 주셨습니다. 지금도 나는 그 기록을 잘 간직하고 있습니다.

이렇게 저희 두 딸을 주님께서 친히 제자 양육을 하시듯이 성경 말씀과 음성으로 인도하여 주셨습니다. 큰아이가 고등학교 1학년이고 작은 아이가 중학교 2학년일 때부터 같은 시기에 주님께서 두 아이를 만나주시고 양육하여주셨습니다.

작은 아이는 고등학교에 진학하며 하나님께서 그 아이에게 "너는 대학을 KAIST에 가라"는 음성을 듣고 KAIST를 목표로 입시를 준비하겠다고 저의 부부에게 말하였을 때 저희는 흔쾌히 그렇게 하자고 말했습니다. 그때의 KAIST 입학전형은 수학능력시험 성적과 무관하게 수능시험 전 10월에 자체의 입학전형 시험을 치러 신입생을 뽑았습니다. 그러니 고3이 된 이 아이가 "지금부터 자기는 하나님 앞에 두 마음을 품고 싶지 않다"고 하며 "수능시험 공부와 학교에서 치르는 모든 수능 모의고사를 치르지 않겠다"고 담임 선생님에게 말하여 달라고 저에게 부탁하였습니다.

며칠간 기도한 후 담임 선생님을 찾아가 딸아이의 생각

과 저희 부부의 뜻도 자세히 말씀 드렸더니 흔쾌히 허락하여 주셨습니다. 그때부터 이 아이는 다른 학생들이 수능을 위한 수업을 진행할 때 혼자 물리실험실에 가서 혼자 공부를 하게 되었으며 학교에서 치르는 수능 모의고사도 치르지 않았습니다. 지금 생각하여도 그 당시 담임 선생님이 정말 고마웠습니다. 그러나 담임 선생님이 "고3 마지막 수능시험은 국가에서 치르는 최종 시험이니 응시하라"고 하셔서 11월에 수능시험은 치렀습니다. 그런데 그해 KAIST 입학시험에 우리 아이가 입학전형에 합격하지 못하였습니다. 다행히 담임 선생님의 말을 좇아 수능시험을 치른 관계로 그 성적을 가지고 숙명여대 화학과에 입학할 수 있었습니다. 숙명여대에서 1학년을 마치고 2학년으로 진학하려는 그해 KAIST에서 처음 학부생 편입시험제도가 생겼습니다. 이 편입시험에 응시한 우리 아이가 화학과에 합격하여 학부 2학년으로 입학하게 되었습니다. 그리고 그 후로는 지금껏 KAIST에 학부 편입제도가 아직 없습니다. 이렇게 둘째는 KAIST에서 학부에 이어 대학원 석박사 과정을 이수하였습니다.

지금은 두 아이 모두 결혼하여 각각 두 명씩의 자녀들을 양육하며 살아가고 있습니다. 때로는 이 두 딸의 삶 속에서도 세상 풍파인 광야로 내몰려 힘들고 고난의 길을 가기도 합니다. 그러나 그럴 때마다 사랑의 주님은 위로와 격려와 사랑으로 그들을 인도하여 주십니다. 이제 저희 두 딸은 진정 하나님을 향한 믿음과 좋으신 하나님을 경배하고 찬양하며 나아가는 용사들이 되었습니다. 이 딸들이 너무나 자랑스럽고 사랑스럽습니다. 두 딸에 대한 하나님의 인도 양육하심은 그들의 삶 가운데 그리고 저희 부부에게도 하나님의 역사이심을 확신합니다. 어떠한 상황 속에서도 요동하지 않는 믿음의 사람으로 기르시고 인도하신 참 좋으신 주님께 감사와 존귀와 영광을 올려 드립니다.

이 땅에서 천국을 이루는 길

이정은 집사(첫째 딸)

학부시절, 프랑스에서 교환학생으로 있을 때의 일입니다. 그곳에 있던 몇몇 한국 유학생들이 모여, 기도하며 성경을 묵상을 하는 모임에 나도 함께하게 되었습니다. 예수전도단의 간사로 있던 형제의 인도로, <내 마음의 벽>이라는, 내적치유에 관한 책을 가지고 함께 나눔을 했습니다. 어린 시절부터 우리 마음에 자리 잡고 있었던 아픔과 어두운 기억들을, 말씀과 기도로 치유 받는 자리였습니다. 당시 참가자 대부분이 20대 초반의 어린 청년들이었는데, 꺼내놓기 어려운 자신들의 아픔과 기억들, 특히 부모님으로부터 받은 상처와 아픔을 용기 내어 한 명씩 고백하는 시간이 있었습니다.

내 차례가 돌아오고, 나는 나의 과거를 돌아보며 부모님께 받았던 상처와 아픔을 생각해 내보려 했어나 아무리 곰곰이 생각해보아도, 내가 부모님께 받은 것은 사랑과 격려뿐이었습니다. 교회 공동체 안에서의 이런 종류의 모임에 참여해 본 경험이 있는 사람이라면 누구나 공감하리라 생각하지만, 모든 사람들이 자신의 아픔과 어두운 상처를 용기 내어 공개하는 자리에서 나 홀로 '저는 아무런 상처가 없습니다.'라고 말하는 것은-설령 그것이 사실이라 하더라도- 함께하는 다른 이들에게 이기적이고, 심지어 무례하게 보일 수도 있습니다. '재는 왜 혼자 아닌 척하지?', '다 말해버린 나는 뭐지? 나만 불효자인가?' 등의 생각들로 가득한 시선들을 견디며 그 시간을 마무리한 기억이 있습니다.

나에게 가정은 완벽한 안식처였고, 필요한 모든 것을 공급받을 수 있는 곳이었습니다. 예전에 엄마께서 하셨던 말씀이 기억납니다. 우리 가정이 이렇게 화목하고, 완벽할 수는 없지만 주님 앞에 바로 설 수 있는 것은 우리가 선하고 완벽하기 때문이 아니라, 오직 하나님이 우리 가정을 모델로 삼으시기 위해 우리 안에 행하신 은혜 때문이라고.

결혼을 하고, 자녀를 양육하며, 나는 내가 맛본 이 안식과 평안과 기쁨을 나의 가정 안에서도 이루어 보려 안간힘을 쓰고 있습니다. 이상과 현실 사이의 너무나도 큰 괴리 사이에서 좌절과 낙심, 하지만 한 번씩 맛보는 감사와 안도, 그리고 소망사이를 오갔던 지난 23년입니다. 하지만 내가 맛보아 알지 못했다면 결코 달려가지 않았을 길을 부모님과 동생을 통해 경험하게 하심에 하늘의 아버지께 감사드립니다.

가정의 제사장으로의 역할을 아멘과 순종으로 멋지게 행하신, 그리고 지금도 행하고 계신 아버지. 자녀들이 나의 소유가 아닌 오직 하나님의 것임을 삶으로 보여주신 아름다운 청지기, 부모님을 통해, 이 땅에서 가장 작은, 그러나 첫 공동체인 가정을 통해 어떻게 천국을 누리며 살 수 있는지를 오늘도 배우고 있습니다. 그리고 부모님께서 내게 그러셨던 것처럼, 나 또한 나의 자녀들에게 신앙의 멘토이자 동역자, 든든한 믿음의 동지가 될 수 있기를 기도합니다.

부모님을 통해 체험한 자녀 양육의 길

이미은 집사(둘째 딸)

아버지께서 이 땅에서 걸어오신 발자취를 남기시는 자서전을 쓰신다는 말씀을 듣고 저는 정말 감사했습니다. 저는 저의 아버지께서 자신을 자랑하거나 드러내기 위해 자서전을 쓰시는 것이 아니라 사랑의 마음으로 다음 세대들에게 본인의 삶을 겸손하게 나누심으로 그들이 자신보다 더 나은 삶을 살기를 바라시는 마음에서 이 책을 쓰신다고 생각했습니다. 자신의 삶의 여정을 돌아보면서 이 세상을 살아갈 다음 세대들에게 지혜를 전수해 주고 그들이 우리 주님 안에서 더 풍성한 삶을 살아갈 수 있도록 돕기 원하신다는 마음이 들었습니다. 그리고 저는 저의 부모님의 사랑과 안내를 받아본 사람으로서 이 책을 읽는 모든 분들에게 분명 도움이 되리라 확신합니다.

저는 부모님을 통해 가족의 소중함과 중요성을 배웠습

니다. 그리고 하나님께서 가족이라는 공동체를 얼마나 아끼고 사랑하시며, 이 땅에서 가족 공동체가 아름답고 건강하게 자라나기를 원하신다는 것을 배웠습니다. 저희 가족에게 가족은 항상 최우선 순위였고, 서로를 사랑으로 보살피고 감싸주고 각자가 성장하도록 격려하는 것은 당연한 것이었습니다.

저의 아버지는 항상 인자한 분이셨고 지금도 마찬가지입니다. 단 한 번도, 부정적인 감정으로 저나 저의 언니를 대하신 적이 없으셨고, 어릴 적 저희가 잘못하거나 실수를 저질러도 매서운 눈빛으로 저희들을 바라보신 적이 단 한 번도 없으셨습니다. 늘 기다려 주셨고 격려해 주셨습니다. 그 안에 저와 언니는 큰 사랑과 안정감을 느끼며 행복하게 성장할 수 있었고, 미래에 대한 두려움보다는 하나님에 대한 믿음을 지니며 확신 가운데 각자의 길을 개척하고자 하는 마음을 갖고 자랐습니다.

제가 저의 부모님께 가장 감사하게 생각하는 것 중 하나는, 두 분은 서로를 늘 사랑하고 아끼고 존중하며, 아름답고 닮고 싶은 부부의 모습으로 사셨다는 것입니다. 서로를 사랑하고 존중하는 아버지와 어머니의 모습을 보면 아이들은 큰 안정감을 느낍니다. 자녀가 보는 앞에서 건강한 애정을 표현하는 부부는 자녀에게 행복감과 편안한 마음을 갖게 하는데, 저와 언니가 서로를 아끼는 부모님의 모습을 보며 이런 안정감을 갖고 있었습니다. 두 분은 서로에게 존중하는 태도와 말을 하셨고, 감정적으로 격하게 다투는 모습을 보이지 않으셨습니다. 이 모습은 지금도 마찬가지이고 저의 눈에 두 분의 모습은 정말 아름답습니다. 그래서 저도 저의 자녀들 앞에서 남편을 존중하고 사랑하는 말을 더 많이 하도록 노력하게 되는 것 같습니다.

또한 저의 부모님은 자녀들을 자신의 영광의 도구나 기회로 삼지 않고 오직 철저하게 하나님께 순종하심으로 자녀를 양육하셨습니다. 이 땅의 많은 부모들이 저지르는 큰 실수와 착각 중 하나는 자녀가 자신의 소유라고 생각하는 것입니다. 하지만, 우리 크리스천들은 모두 알듯이 자녀들은 하나님의 것이고 후에 영원한 하나님 나라에 들어가서는 모두가 동등한 위치에서 오직 하나님의 자녀들로 살게 된다는 것이지요. 자녀를 자신의 소유나 만족의 도구로 생각하는 부모들은 자녀의 학업에서의 우수함이나 성공을 곧 자신의 성공과 동일시하는 착각을 하지요.

그리고 만약 자신의 욕구를 자녀가 채워주지 못할 경우 자녀들을 힘들게 만듭니다.

하지만, 저의 부모님은 저와 언니를 온전한 하나님의 딸들로 바라보시고 저희들의 삶을 부모가 아닌 하나님께서 이끌고 통치하시도록 온전히 맡기셨습니다. 부모의 역할은 오직 청지기로 하나님께 순종하며, 맡겨 주신 자녀들이 하나님 나라에 합당한 사람들로 온전하게 자라날 수 있도록 돕는 것임을 삶으로 실천하셨습니다. 그래서 저는 학업 성적이 떨어지거나 만족스러운 결과를 얻지 못하더라도 부모님께 혼날까봐 걱정한 적이 한 번도 없었습니다.

그 다음으로 저의 부모님은 항상 말씀으로 저희들을 키우시고 성경 말씀을 기초로 하여 저희들을 양육하셨습니다. 고등학교 시절 제가 공부로 힘들거나 신앙이 흔들릴 때에 저의 부모님은 말씀을 토대로 저에게 현실적인 조언들, 위로와 격려를 해 주셨습니다. 그것이 저에게 매우 큰 힘이 되었고 제가 말씀을 의지하는 사람으로 자라나는 데에 막대한 영향을 미쳤습니다. 성경 인물들의 이야기와 예수님에 대한 이야기는 항상 저에게 용기와 힘을 불어넣어 주었고, 말씀을 읽고 싶어 계속해서 말씀을 찾게 되는 습

관을 길러 주는 좋은 밑거름은 바로 성경 말씀을 기반으로 저에게 수많은 조언과 훈육을 하신 부모님이 계셨기 때문입니다. 부모님은 저를 주님 앞으로 안내해 주셨고 저에게 복음의 전도자들이 되어 제가 순례자의 삶을 살 수 있도록 인도해 주셨습니다.

그리고, 저의 부모님은 단 한 번도 자녀들에게 부정적인 말을 한 적이 없으셨습니다. 말이 씨가 되고 혀의 권세가 얼마나 크며, 축복과 저주가 한 사람의 말에서 모두 나올 수 있다는 사실을 아셨습니다. 그래서 항상 저와 언니에게 축복의 말과 격려의 말을 해 주셨습니다. 이 사실을 이제 사십대 중반인 저는 더 크게 깨닫고 있으며, 저도 항상 자녀들에게 축복의 말을 하는 사람이 되도록 노력하고 있습니다.

더 나누고 싶은 이야기가 많지만 마지막으로 나누고 싶은 것은 저의 부모님께서 흔들림 없는 신앙인의 모습, 믿음의 선배의 모습으로 한결 같이 살아가셨다는 것이 저에게 큰 도움이 되었습니다. 두 분은 믿음을 감정적으로 키우지 않으셨고, 오직 예배와 말씀을 최우선으로 삼으심으로써 자신들의 믿음을 성장시키셨습니다. 하나님을 알고

자 노력하시는 모습을 보았고 예수님을 더 사랑하고 그 분의 말씀에 더 온전하게 순종하고자 애쓰시는 두 분을 보았습니다. 자신의 자아를 내려놓고 성령님의 음성에 귀 기울이시는 모습을 보았고, 기도에 힘쓰시는 두 분을 보았습니다. 이러한 두 분의 모습은 저의 평생의 지침이 되고 본이 되었습니다. 교회를 섬기며 교회가 하나님의 아름다운 신부로 준비되도록 돕고자 하시는 두 분의 모습을 보았고, 하나님의 나라가 확장되는 데에 선한 도구로 쓰임 받기를 갈망하시는 두 분의 모습을 보았습니다.

이 밖에도 제가 나누고 싶은 것은 너무나 많지만, 분량의 제한이 있기에 여기서 마무리 하고자 합니다. 이 땅에서 교회 이외에 가정만큼 하나님께서 아끼시는 공동체는 없는 것 같습니다. 그리고 이 세상은 가정을 파괴하고 왜곡시키기에 혈안이 되어 있습니다. 하지만, 우리 각자의 가정이 주님 안에서 온전히 세워진다면 교회도 더 아름답게 세워질 것이고 하나님께서도 더 크게 영광 받으실 것이라 확신합니다. 우리가 주님 앞으로 부르심을 받는 그 순간 우리의 마음에 가장 크게 남는 것은 우리가 이 땅에서 살면서 사랑했던 가족이지 내가 세상에 이룩한 업적이나 나의 통장 잔고가 아닐 것입니다. 그러니 가정을 더 든든히 세우는 우리 모두가 되면 좋겠습니다.

이병주 수필집

사랑의 길 따라

초판 인쇄 2024년 2월 1일
초판 발행 2024년 2월 5일

지은이 이병주
펴낸이 강신용
펴낸곳 문경출판사
주 소 34623 대전광역시 동구 태전로 70-9 (삼성동)
전 화 (042) 221-9668~9, 254-9668
팩 스 (042) 256-6096
E-mail mun9668@hanmail.net
등록번호 제 사 113

ISBN 978-89-7846-847-3 03810

값 15,000원